Reinhold Stecher
Herz ist Trumpf

REINHOLD STECHER HERZ IST TRUMPF

Und andere heiter-besinnliche Texte

Herausgegeben von Paul Ladurner

Tyrolia-Verlag · Innsbruck-Wien

INHALT

Heiteres und Besinnliches

Erinnerungen und Begegnungen

Worte und Werte

Statt eines Nachworts

VORWORT

Ein Fenster geht auf und gibt den Blick frei auf ein Feld voller Erinnerungen. So fühlt sich's bei mir an, wenn ich manchmal mit dem Auto in Innsbruck und Umgebung unterwegs bin. Da ist die Adamgasse, wo Reinhold Stecher mit seiner erblindeten Mutter lange gelebt hat, die Herrengasse hinter dem Bischofshaus und die Lärchenstraße in Hochrum, dem Ort seiner Pensionszeit; das sind Plätze, wo Reinhold von mir oder unserer ganzen Familie zu Wanderungen, Bergtouren oder für den Urlaub abgeholt wurde.

In der Früh immer dasselbe Ritual: Reinhold setzt sich ins Auto und stimmt ein Morgenlied an – besonders oft und gern jenes des evangelischen Dichtertheologen Paul Gerhard:

> „Die güld'ne Sonne voll Freud und Wonne
> bringt unsern Grenzen mit ihrem Glänzen
> ein herzerquickendes, himmlisches Licht."

Heute, acht Jahre nach Reinholds Tod, meine ich, dass er unbewusst mit diesem Lied sein Lebensmotto gesungen hat: Reinhold Stecher war ein lichter Mensch – verliebt in das Licht; er hat das Licht gesucht, in sich eingesogen, auch die kleinsten Schimmer inmitten von Dunkelheit, um wieder Licht zu verbreiten – in Worten, Bildern und unzähligen Briefen und Gesprächen. „Freud und Wonne" hat er vielen Menschen geschenkt, etwa indem er seinen Studierenden unvergessliche Bergerlebnisse ermöglicht hat.

Freud und Wonne und „Herzerquickendes" (ein unaustauschbares Wort aus dem 17. Jahrhundert) hat er in kleinen und großen Funken sprühend verteilt – ein richtiger Zündler, der voller Humor mit Histörchen und vielfach hintergründigen Witzen im Hörsaal, in der Kirche oder an der Busstation Leute zum Lachen brachte. Diesen Charme des

Frohsinns verdankte er wohl zu einem guten Teil dem originellen Großvater, der nach dem frühen Tod des hoch gelehrten Vaters für die drei Stecher-Buben ganz besonders wichtig war. Nicht nur das Brot für den Magen kam von dem alten Bäcker, sondern für Geist und Gemüt auch das nahrhafte Brot der Späße, gewürzt mit ein wenig Ironie und gesunder Respektlosigkeit.

Dennoch: Bei aller scheinbaren Leichtigkeit gab es bei Reinhold Stecher eine – zum Teil auch im Leid und in unablässigem Studieren und Beten erworbene – enorme spirituelle Tiefe. Ich danke dem Obmann des Bischof-Stecher-Gedächtnisvereins, Peter Jungmann, und dem Leiter des Tyrolia-Verlags, Gottfried Kompatscher, dass sie eine dementsprechend differenzierte Auswahl aus Reinholds Schriften getroffen haben.

In dem frohen Morgenlied von Paul Gerhard werden auch Tiefpunkte des Lebens benannt:

„Mein Haupt und Glieder, die lagen darnieder;
nun aber steh ich, bin munter und fröhlich,
schaue den Himmel mit meinem Gesicht!"

Auch und gerade diese Zeilen sind für Reinhold Stecher typisch: Trotz allem Schweren, das er in Gestapo-Haft, Krieg, lebensbedrohlicher Krankheit und innerkirchlichen Krisen erleben musste, ist er immer ein Zeuge der Auferstehung, ein optimistischer Träger der Zuversicht geblieben, einer, der den Himmel geschaut und als sportlicher ebenso wie als spiritueller Bergsteiger Himmel und Erde auf beglückende Weise verbunden hat. In diesem Sinne wünsche ich uns allen, die wir dieses Buch in die Hand nehmen, dass es uns immer wieder gelingt, füreinander ein wenig Freude und damit ein Stück Himmel in unserem Erdenalltag spürbar zu machen!

Paul Ladurner

GRUSSWORT

Am 22. Dezember 2021 wäre Bischof Reinhold Stecher 100 Jahre alt geworden. Als Bischof der Diözese Innsbruck, als Seelsorger, Religionspädagoge, aber auch als erfolgreicher Buchautor und begnadeter Aquarellist (und Karikaturist!) war er eine der prägendsten Gestalten für die Kirche in Tirol und weit darüber hinaus. Durch sein vielfältiges Wirken, vor allem aber durch sein persönliches Lebenszeugnis stand er für eine prophetische, den Menschen zugewandte Kirche. Seine großherzige Solidarität mit Notleidenden und Benachteiligten, seine grenzenlose Sorge um Menschen in Not und sein mutiges Auftreten für Gerechtigkeit waren in vielerlei Hinsicht beispielhaft.

Ich habe Bischof Reinhold Stecher als Menschen schätzen gelernt, der durch seine Person, seine Texte und seine Bilder vielen Menschen die Freude am Glauben und einen Zugang zum Evangelium eröffnet hat. Mit seiner Geradlinigkeit, auch seiner kritischen Stimme und seinem tiefsinnigen Humor ist er mir in lebendiger Erinnerung. In den schwierigen Jahren der Spannungen innerhalb der katholischen Kirche unseres Landes gab er vielen Halt und Orientierung. Er war dabei freilich nicht immer pflegeleicht. Konflikten wich er nicht aus, sondern brachte sie direkt zum Ausdruck und zur Sprache.

Fest im Glauben zu stehen und ein weites Herz zu haben – darin kann Bischof Reinhold Stecher auch uns heute ein Vorbild sein. Herzlich danke ich dem Bischof Stecher Gedächtnisverein, der die Erinnerung an diesen besonderen Menschen, Priester und Bischof lebendig hält und seine sozialen Projekte und Ideen nachhaltig unterstützt.

Mit herzlichen Segenswünschen

+Christoph Kard. Schönborn

HERZ IST TRUMPF
KARTENSPIEL AM SILVERSTERABEND

Heute habe ich einen etwas ungewöhnlichen Anknüpfungspunkt für eine Besinnung am letzten Abend des Jahres. Vor ein paar Tagen bin ich mit einem Bekannten ins Gespräch gekommen und die Rede kam auch auf den Silvesterabend, und er hat zu mir gesagt: „Weißt du, zu Silvester setzen wir uns zusammen und machen einen gemütlichen ‚Karter'…" Diese an sich belanglose Bemerkung hat mich nicht mehr losgelassen, der Gedanke mit dem Kartenspiel am Silvesterabend hat mich weiter verfolgt. Wie wird es gemischt sein, das Kartenspiel der Zeit, das Kartenspiel meines Lebens, das Kartenspiel der Geschicke? Was werde ich in die Hand bekommen, was wird ausgespielt und was soll Trumpf sein – die Karte, die alle anderen sticht?

Bleiben wir für eine Viertelstunde bei diesem Kartenspiel der Zeit und der Geschicke und achten wir darauf, was als Trumpf ausgerufen werden soll.

Eichel ist Trumpf!

Eichel war in Tirol seit eh und je die Symbolfarbe für das Negative, das Leid, das Unglück, den Misserfolg und die Enttäuschung. Nun werden wir alle im Kartenspiel des neuen Jahres auch Eichel vorfinden, der eine mehr, der andere weniger. Wir können die Eicheln nicht unter den Tisch verschwinden lassen. Sie sind im Spiel des Lebens. Aber Trumpf dürfen sie nicht sein. Weder das Böse noch das Leid ist die Karte, die sticht. Nicht einmal der Tod macht den letzten Stich. Sagt doch der heilige Paulus: „Tod, wo ist dein Stachel …?" Es gibt zwar viele Stimmen in unserer Zeit, die laut und leise sagen „Eichel ist Trumpf, diese Welt ist schlecht, die Gesellschaft ist schlecht, der Staat ist schlecht, alles ist schlecht wie die faule Birne auf der österreichischen Briefmarke." Aber lassen wir uns nicht von der Propaganda des Negativen und dem Geschäft mit der Angst überwältigen. Christus hat anders gesagt: „Habt Mut, ich habe die Welt überwunden …" Eichel ist nicht Trumpf.

Schell ist Trumpf!

Das sagen manche und meinen den Trumpf, der alles sticht und dem alles andere untergeordnet werden muss: das Geld, die Wirtschaft, die Prosperität, das Ökonomische – Nun, geben wir es offen zu, wir haben alle ganz gern ein paar Schellen in den Karten und wir wollen Gott danken, wenn sie einigermaßen reichen. Das gilt vom Budget eines Haushalts bis zum Kirchenbudget. Manchmal sind die Schellen zu ungleich verteilt. Es gibt viele, die nur einen mageren Schell-Siebener in ihrem Spiel haben, und bei einigen fehlt er ganz. Ich weiß, dass man schnell mit der Antwort bei der Hand ist: Die sind selber schuld. So einfach ist das nicht. Ich weiß, dass man nicht wahllos Schellen streuen kann und dass mit Geld vieles gar nicht leicht gelöst werden kann. Aber ich muss offen sagen, ich fühle mich in meiner schönen, warmen Wohnung am Domplatz einfach nicht ganz wohl, wenn ich daran denke, dass es in diesen kalten Winternächten in unserer Stadt Obdachlose gibt. Weil ich selbst viele hundert bitterkalte Winternächte im Freien verbracht habe, weiß ich, was das heißt. Irgendeine Notlösung für diese Jahreszeit müsste uns auch für die Sandler einfallen.

Obwohl die Farbe Schell wichtig ist, Trumpf ist sie nicht. Sie ist nie die Karte, die alle anderen sticht. Geld ist nie der Weisheit letzter Schluss. Das sagt auch der Herr: „Was nützt es einem Menschen, wenn er die ganze Welt gewinnt, dabei aber sich selbst verliert und Schaden nimmt?" (Lk 9,25)

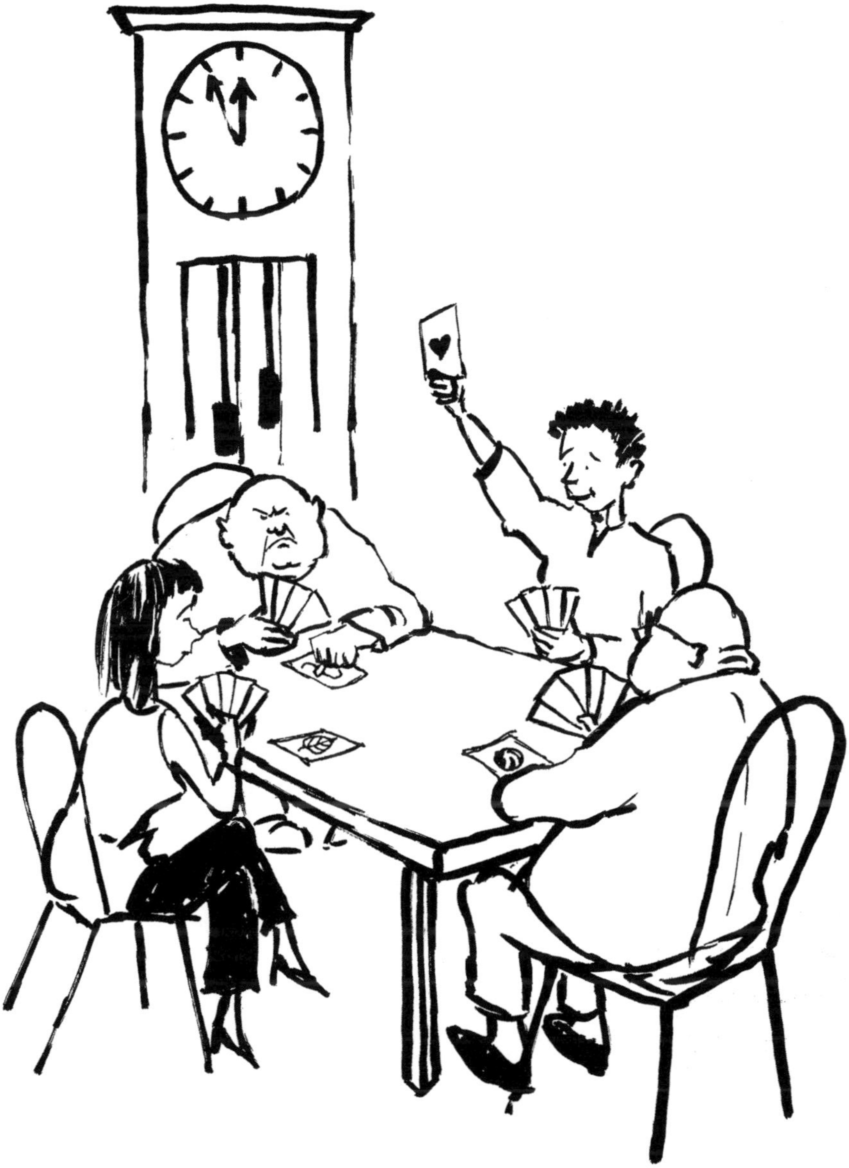

Laub ist Trumpf!

Viele meinen heute, das Grün der Bäume und Gräser, die Schönheit der Schöpfung, die Reinheit der Luft, die Klarheit des Wassers, die bedrohte Umwelt seien die wichtigsten, drängenden Probleme der Zeit. Wir zerstören Gottes Garten. Man kanns verstehen. Man muss nur, wie ich es getan habe, die Leute besuchen, die es zufällig getroffen hat, unter einer Autobahnbrücke zu wohnen. Man muss nur die Liste der aussterbenden Tierarten studieren. Man muss nur die Brühe anschauen, die sich an den alten deutschen Domen vorbeiwälzt und die man einmal als wunderschönen Rhein besungen hat. Auch der Heilige Vater hat in seiner Weihnachtsansprache von der bedrohten Umwelt gesprochen. Sicher müssen wir schauen, dass mehr Laub ins Kartenspiel der zivilisierten Welt kommt. Aber ist Laub der Trumpf, der alles sticht? Die Umwelt ist ein wichtiger Teilbereich des Lebens, aber ihre Bedrohung liegt tiefer, liegt in uns. Der große Biologe und Anthropologe Joachim Illies hat einmal geschrieben: „Die sterbenden Wälder und die stinkenden Flüsse zeigen nur an, was in uns stinkt und stirbt." Schon das erste Paradies hat ja die Fehlhaltung des Menschen zerstört. Darum – sicher muss Grün einige Farbstiche machen. Aber es ist nicht der Trumpf, der alles sticht. Christus hat gesagt: „Euch aber muss es zuerst um sein Reich und um seine Gerechtigkeit gehen; dann wird euch alles andere dazugegeben" (Mt 6,33). Wenn wir Trumpf ansagen, müssen wir ins ganz Wesentliche gehen und da bleibt nur mehr eine Farbe.

Herz ist Trumpf!

Damit kommen wir der Sache näher. Wer das Herz am rechten Fleck hat, wird mit den Eicheln zurechtkommen; wer ein Herz für andere hat, wird die Schellen gut verwalten; wer ein Herz für die Schöpfung hat, wird für sie eintreten. Unsere Welt und Zeit ruft nach Herz. Man möchte Mütter und Väter mit Herz, Partner mit Herz, Lehrer mit Herz,

Krankenschwestern mit Herz, Beamte mit Herz, Politiker mit Herz, Priester mit Herz. Wenn man es genau nimmt, ist vernünftige, verlässliche, hingebende menschliche Liebe die größte Sehnsucht der Zeit. Herz ist gefragt, auch im religiösen Bereich. Man muss nur schauen, wie sehr heute im kirchlichen Leben jene Dinge ansprechen, die ans Gemüt gehen. Wenn ich am Silvesterabend zu rufen wage: Herz ist Trumpf! – dann hat das noch einen tieferen Grund. Hinter dem Kartenspiel des Lebens, hinter Eichel, Schell und Laub, hinter den Siebenern und den Assen, die uns die Geschicke mischen, hinter dem Leben, der Heimat, der Welt taucht ein Herz auf, das Herz des Herrn, das die Mitte der Welt ist. Und von diesem gottmenschlichen Herzen heißt es: „Der Ratschluss des Herrn bleibt ewig bestehen, die Pläne seines Herzens überdauern die Zeiten. Er will uns dem Tod entreißen und in der Hungersnot unser Leben erhalten" (Ps 33,11.19).

Und darum ist Herz Trumpf, heute und morgen und immer.

Dieses Kartenspiel am Silvesterabend, das wir jetzt gespielt haben und immer wieder spielen werden, ist nicht nur eine kleine harmlose Unterhaltung, eine Tändelei, eine Zerstreuung. Es ist ein Spiel im Sinne jenes alten Liedes, von dem die letzte Strophe heißt:

„Drum Schwestern, Brüder, schließt den Kreis,
das Leben ist ein Spiel.
Und wer es recht zu spielen weiß,
gelangt ans große Ziel!"

Predigt im Dom zu St. Jakob am 31. Dezember 1993; veröffentlicht 2015 in „Der heilige Geist und das Auto".

Heiteres und Besinnliches

KATER UND POLIZEIHUND

Kinder brauchen keineswegs Berge von Spielsachen, damit sie glücklich sein können. Und vor allem brauchen sie nicht Unmengen von teurer Technik. Neulich hat doch eine japanische Firma einen vollautomatisierten Hund auf den Markt gebracht. Er wurde sogar im Fernsehen vorgeführt. Ich möchte allen Kindern lieber Kontakt mit lebendigen Tieren wünschen. Manchmal kommt mir der Gedanke, als sei für ein Kind der vertraute Umgang mit einem Lamm, einer Ziege, einem Pferd, einem Hamster oder einem Hund eine Intensivbegegnung mit der lebendigen Natur und der Schöpfung, die später kaum nachzuholen ist. Es kann zu einem gegenseitigen Verstehen, einem stillen Einvernehmen zwischen Mensch und Tier kommen, das man später in dieser gemütsmäßigen Intensität gar nicht mehr schafft.

Wir hatten einen Kater und einen Hund. Wir hatten im Garten Hennen. Aber denen gegenüber kam nie ein partnerschaftliches Verhältnis zustande. Mit Hennen kann man nicht spielen. Unsere Großmutter, die Hennen von ihrer bäuerlichen Welt her liebte, ermahnte uns zwar immer wieder, dass auch die Hennen Gott geschaffen habe und dass wir ja ihre Eier schließlich und endlich auch mögen, aber weder theologische noch kulinarische Überlegungen haben uns die Hennen nähergebracht. Sie waren einfach zu dumm.

Aber wir hatten einen Kater. Er war uns einst halbverhungert zugelaufen und fraß sich bei uns rund und fett. Er ließ sich von uns herumtragen, streicheln und kraulen – nie hat er bei unserem manchmal stürmischen Umgang Ungeduld oder die Krallen gezeigt. Er war wirklich pflegeleicht, aber furchtbar faul. Als wir eines Tages beschlossen, Zirkus zu spielen, wollten wir mit ihm eine Schwarzer-Panther-Nummer abziehen. Von seinem Aussehen her hätte alles gestimmt. Er hatte ein schwarzseidenes Fell, grüne Augen und einen buschigen Schwanz. Aber alles Gehabe einer Raubkatze hatte unser Kater im langen Umgang mit der Zivilisation eingebüßt. Er war trotz vieler Versuche nicht zu bewegen, durch einen vorgehaltenen Reifen auch nur durchzusteigen, geschweige denn zu springen. Er legte sich einfach vor den Reifen, rollte sich zusammen und schnurrte. Aus der Panthernummer wurde nichts. Wir mussten für ihn eine andere Rolle ausdenken, in der er seine ganze indolente Faulheit ausleben konnte. Und tatsächlich enttäuschte er uns nicht. Wir legten ihn auf einen Polster, was ihm sofort gefiel. Dann hängten wir ihm einen roten Königsmantel um. Auch das nahm er gelassen hin. Nach einigen Versuchen ließ er es sogar geschehen, dass wir ihm eine aus Goldpapier gebastelte Kaiserkrone aufsetzten und unter seinem dicken Kopf mit einer Masche festbanden. Dann knüpften wir an einen Polsterzipfel einen Spagat und zogen ihn als Märchenkönig durch die Zimmer. Er machte lange mit, bis er sich erhob und mit der roten Schleppe dem Fressnapf zustrebte. Ich glaube nicht, dass sich ein Kater dies von Erwachsenen gefallen ließe. Aber uns nahm er nichts übel. Wenn wir von der Schule kamen, rannte uns der Hund immer zu stürmischer Begrüßung entgegen, legte uns die Tatzen auf die Schultern und begann uns abzuschlecken. Auch der Kater folgte nach. Selbstverständlich in gemessener Art, aber mit freudig hochgestelltem Schwanz, also offenkundig in der höchsten Form freudiger Erregung, zu der dieser stinkfaule Kerl fähig war. Wir hatten ihn doch sehr lieb. Mit dem Hund war er eng befreundet. Die beiden pflegten ihren Mittagsschlaf gemeinsam zu halten.

Der Hund war ein Wunderhund.

Er war ausgebildeter Polizeihund und hatte für seine Dressurleistungen und seine Schönheit zwei Goldmedaillen bekommen. Ein Onkel hatte ihn erzogen – und brachte es dann nicht übers Herz, diesen Hund irgendeinem Fremden zu verkaufen. Und so kamen wir in den Besitz dieses teuren Tiers, das wir uns nie leisten hätten können. Der Hund Othello wurde ein wesentlicher Bestandteil unserer glücklichen Kindertage. Wenn einer von uns weinte, kam er sogar trösten. Er nahm an unserer Trauer so intensiven Anteil, dass er anfing mitzuseufzen und zu jammern. Obwohl er den Verbrecherfang aus dem Effeff beherrschte, hat er nie irgendeinem Menschen etwas zuleide getan. Wenn man mit ihm ausging, brauchte man keine Leine. Man sagte zu ihm „Fuß!" – und dann ging er einen halben Meter hinter dem linken Fuß. Er war so intelligent, dass er der Großmutter zusah, wie sie die Eier aus den Hennennestern aushob. Eines Tages ging er selbst zu den Nestern, holte ein Ei heraus, trug es vorsichtig im Maul hinauf in die Küche, legte es der Großmutter hin und holte das nächste. Woher hat der Hund gewusst, dass Eier zerbrechlich sind? Er war eben ein Wunderhund.

Nur als wir eines Tages unsere Tante in der Stadtwohnung besuchten, fiel er etwas aus der Rolle. Die Tante hatte eine große Kristallschale mit wunderbaren selbstgemachten Lebkuchen vorbereitet – und die hat er in einem unbewachten Augenblick alle aufgefressen. Die Tante hat dann ein paar unschöne Bemerkungen über den großartigen Polizeihund gemacht, der sich bei ihr da gleich als schäbiger Dieb einführte. Aber das war ungerecht. Bei uns zu Hause hatte Othello eine Menge zu bewachen: uns Kinder, das Haus, den Garten, die Obstbäume und die Hennen, aber hier in der Stadtwohnung der Tante fiel das alles weg. Er war daher als Polizeihund eindeutig außer Dienst. Die vertilgten Nürnberger Leckerli konnte man ihm unmöglich beruflich ankreiden.

Aber es schlug auch seine Stunde als Polizeihund.

Ich war etwa zehn Jahre alt und ging mit Othello zum Dorfplatz. Er war wie immer an meiner Seite, brav und diszipliniert, wie er es gelernt hatte – ein Hund, der keinen Ärger macht. Auf dem Dorfplatz gab es wie immer ein paar Hunde, zwei mit einem offenkundig etwas komplizierten Stammbaum und den großen Bernhardiner des Wirts. Als ich beim Stadel des Wirtes vorbeiging, war eine Katze am Straßenrand, die herüberpfauchte und Othello zu einem kleinen Zucker veranlasste, aber nur einen Augenblick – er blieb bei mir mit einem leisen Knurren.

Der Wirt hatte einen Knecht, der eben unter dem Tor stand und den Stadel auskehrte. Wir wussten, dass er ein etwas grantiger Herr war. Er warf den Besen auf meinen Hund. Othello wich aus. Und dann wurde es gefährlich. Der Knecht hetzte den großen Bernhardiner auf Othello – und die zwei anderen Kläffer dazu. Othello war kein Raufer. Er blieb noch immer an meiner Seite. Es war uns strengstens verboten, unseren Hund zu hetzen. Dafür gab es ein kleines Wort, das wir nie aussprachen. Aber nun habe ich mir gedacht, wenn du hetzen kannst, kann ich das auch – und habe auf den Bernhardiner gezeigt und das verbotene Wort ausgesprochen: „Othello, fass!"

Und dann ging alles wie der Blitz. Othello schoss auf den großen Hund zu und rammte ihm die Schnauze in die Seite, dass er beim Stadeltor hineinflog, und links und rechts jaulten die Köter auf – und alles war vorbei. Die Hunde waren verschwunden, die Katze saß auf einem Obstbaum und der Knecht war auch nicht mehr zu sehen. Ich rief Othello zu mir zurück. Er folgte sofort. Und dann schritt ich die Gasse hinauf – im Vollgefühl des Sieges. Jetzt wussten sie alle, was ein Polizeihund ist. 50 Meter weiter droben konnte ich es mir nicht verkneifen, auf den Kampfplatz zurückzuschauen, wie weiland Napoleon.

Veröffentlicht 2014 in „Alles hat seine Zeit".

DER DREISSIGJÄHRIGE KRIEG
UND DAS OMELETT

Als älterer Mensch erzählt man gerne tolle Geschichten aus der Schulzeit – mit einem gewissen Veteranenstolz – was man alles aufgeführt hat, mit einem leichten Hang zur Übersteigerung und Verklärung. Ich muss gleich gestehen, dass ich persönlich eigentlich mit nichts Besonderem aufwarten kann. Ich war in der Schule ziemlich brav, einschließlich guter Noten. Aber das hatte weniger mit hoch entwickelten Tugenden zu tun als mit unserer Situation, das heißt der Situation meiner Mutter. Sie war mit 37 Jahren Witwe geworden und bezog für sich und uns drei Kinder eine sehr kleine Pension. Da ich schon der Zweite war, der aufs Gymnasium ging, hieß es sparen. Ich musste unbedingt ein Stipendium zu ergattern versuchen. Es gelang auch. Es betrug ganze 50 Schilling pro Jahr. Für dieses Stipendium, das im Herbst bei den Anschaffungen viel bedeutete, musste man in der Betragensnote eine Eins und ein Vorzugszeugnis haben. Dasselbe galt unter denselben Voraussetzungen für die Schulgeldermäßigung, die pro Semester von 56 auf 5 Schilling hinunterging. Mein Wohlverhalten war also auch, um mich modern auszudrücken, durch gesellschaftliche Zwänge motiviert. Ob mir das geschadet hat, steht auf einem anderen Blatt.

Irgendwo im Hinterkopf wuchs ein verborgenes Wissen, dass lernen dürfen und leben können nicht ganz selbstverständlich sind. Ich musste in der Schule also vorsichtig sein. Ein Ventil schuf ich mir im Karikaturenzeichnen. Das relativierte die damals überstarke Autorität der Lehrer und war ungefährlich, solange sie meine ehrfurchtslosen Kunstwerke nicht erwischten. Auf Grund langjähriger scharfer Beobachtung konnte ich besonders markante Professorenköpfe detailgetreu bis zur letzten Warze und zum schwungvollen Haarschopf auswendig zeichnen. Aber das sind schließlich keine Heldentaten. Mit Betragen Eins kann man eben später nicht auftrumpfen.

Aber ich hegte immer eine geheime Bewunderung für Mitschüler, die an derartigen Hemmungen nicht litten und ihrer Kreativität freien Lauf lassen konnten. Mein Freund und zeitweiliger Banknachbar war von diesem Schlag. Er war sportlich gewandt, ziemlich faul und ein großer Flegel. Bei Prüfungen war er ein hilfloses Bündel von Verlegenheit. Ich habe ihm unzählige Male eingesagt. Sein Schuljahr war ein einziger Slalom zwischen Genügend und Nichtgenügend. Ich hatte ihm gegenüber aber keineswegs ein Gefühl der Überlegenheit. Er hatte einfach wunderbare Einfälle.

Das Innsbrucker Gymnasium, das damals noch nicht den stolzen Titel „Akademisches" führte, war eine strenge Schule mit einem gewaltigen Schuldruck. Lehrer mit ‚ungefährlichen' Gegenständen mussten es büßen.

Da gab es zum Beispiel einen Professor für Geographie und Geschichte, der nicht gerade über ein geballtes Wissen und einen hinreißenden Vortrag verfügte. Er hat uns trotzdem viel Freude bereitet. Ich muss hier eine Bemerkung machen, die vielleicht Vollblutpädagogen und gewissenhafte Schulaufsichtsorgane die Stirn runzeln lässt, aber es ist so: Selbstverständlich ist es gut, wenn man tüchtige Lehrer hat. Aber wenn man nur tüchtige Lehrer hat, ist die Schule kaum zum Aushalten. Es braucht zwischendurch weniger tüchtige, die für die nötige Erholung Raum lassen.

Professor Loisl spielte diese Rolle perfekt. Wenn wir heute nach vielen Jahrzehnten zusammenkommen, kann er noch immer abendfüllend in unseren Erinnerungen wirken. Sooft er, was häufig vorkam, auf den Wandkarten gewisse Orientierungsschwierigkeiten in Geographie hatte, überbrückte er dies damit, dass er gewandtere Schüler zum Suchen der betreffenden Städte herausrief: „Komm heraus, ich habe heute die falsche Brille mit …" Er hatte einen nasalen, leicht wienerisch-raunzenden Tonfall, und da ihm das freie Unterrichten nicht lag, pflegte er einen Schüler heraus ans Pult zu setzen, der dann aus dem Geschichtsbuch vorlesen musste. Nach jedem Absatz fügte er als persönlichen didaktischen Beitrag hinzu: „Halt! – Merken das!" Manchmal las er auch selbst vor – mit kurzen, aber bedeutungslosen Randbemerkungen.

Ein besonderes Vergnügen bereitete es uns, wie er in seiner angeborenen Naivität auf disziplinäre Schwierigkeiten reagierte. Als er wieder einmal zum Beginn der Stunde ins Klassenzimmer hereinkam und in der Klasse trotz Glockenzeichen ein wüstes Durcheinander herrschte, rief er mit Stentorstimme in das Chaos: „I waß nit, wann i komm, ist der Sauhaufen fertig!" Eine seiner beeindruckendsten Drohungen bestand in der Ankündigung: „Wenn's nicht sofort ruhig wird, hau ich die Schlüssel am Boden!"

Es war verständlich, dass in seinen Stunden nicht die größte Aufmerksamkeit herrschte. Daher wurden sie dazu benützt, die Hausaufgaben aus Mathematik oder die vorzubereitenden Lateinvokabeln vom Nachbarn abzuschreiben oder ähnlich nutzbringende wissenschaftliche Tätigkeiten auszuüben. Dabei erwies es sich als störend, dass unser guter Loisl hie und da durch die Bankreihen schritt. Wir empfanden dies als eine unerträgliche Einmischung in unsere Privatsphäre. Folglich beschlossen wir, die Bänke so eng zusammenzuschieben, dass der stark beleibte Loisl einfach nicht mehr durchkam. Er schrieb dann voll Empörung wörtlich ins Klassenbuch: „In meiner Stunde werden die Bänke verrückt …"

Er hat bis ins Konferenzzimmer für Heiterkeit gesorgt. Aber er war mit einem so ausgeprägten Phlegma gesegnet, dass er bei all dem offenkundig gar nicht unglücklich war.

Ich musste diese Skizze vorausschicken, damit man die nachfolgende Geschichte über Hansis Meisterleistung mit dem Omelett begreift.
Eines Tages kam Hansi mit der Idee, während Loisls Geschichtestunde ein Omelett zu kochen. Er schloss eine Wette ab, dass er alles während der Stunde erledigen werde. Unter Garantie werde Loisl nichts merken. Denn dieser habe eine lange Leitung und außerdem sitze er sowieso drauf. Er, Hansi, werde alles besorgen. Es müsse nur das Fenster offen

Konzertabend in Innsbruck

sein – wegen der zu erwartenden schulfremden Wohlgerüche. Von mir verlangte er nur eine gewisse logistische Unterstützung.

Gesagt, getan. Die Geschichtestunde begann. Das Thema war der Dreißigjährige Krieg. Obwohl sonst der einschläfernde Vortrag sehr mäßiges Interesse weckte, war diesmal bei allen erwartungsvolle Spannung angesagt. Beim Prager Fenstersturz 1618 war unter der Bank bereits alles vorbereitet: Eier, Mehl, Milch, Butter, Salz, ein kleiner Spirituskocher und eine flache Pfanne sowie ein Glas mit Marillenmarmelade. Auf der Schulbank lagen brav und diszipliniert Atlas und Schreibheft. Sie waren aufgeschlagen und täuschten rege Mitarbeit vor. Während Wallenstein durch Mecklenburg stürmte, wurde der Teig angerührt. Ein besonders gefährlicher Augenblick entstand bei der Schlacht von Lützen 1632. Da war nämlich der Augenblick, dass man den Teig in die heiße Butter schütten konnte. Das unüberhörbare Zischen wurde aber durch einen künstlichen Schlachtenlärm in der Klasse übertönt, der ja durchaus zum Thema des Unterrichts passte. Der Professor merkte nichts. Aber das Hufgetrappel der schwedischen Reiter und der Jammer über den Tod Gustav Adolfs konnte nicht verhindern, dass statt des Pulverdampfs eine süße Duftwolke durch das Klassenzimmer zog und den dozierenden Pädagogen am Pult erreichte. Er hob die Nase und sagte schnuppernd: „Hier riechts aber gut!" Wir hatten Mühe, den nötigen glaubwürdigen Ernst zu bewahren. Nun bewährte sich das offene Fenster. In lebhaften Zurufen wurde behauptet, die Düfte kämen immer von der Küche des Schulwartes herauf, der unter unserer Klasse wohnte. Er hieß Punggl und die völlig unschuldige Frau Punggl sei also schuld an der atmosphärischen Störung des Unterrichts. „Es riecht aber gut", sagte unser guter Loisl noch einmal und bestätigte damit die Vorhersage bezüglich der langen Leitung. Bei Wallensteins Tod in Eger verlöschte mit dem Lebenslicht des großen Feldherrn unser Spirituskocher. Das Omelett war fertig. Bis zum Westfälischen Frieden wurde es mit Marillenmarmelade bestrichen, gerollt und unter das in den langen Kriegsjahren halb verhungerte Volk verteilt.

Das Omelett war sicher die Sternstunde meines Schulkameraden. Ich war nur mit einigen ängstlichen Hilfestellungen beteiligt. Aber es war einfach schön und aufregend.

Wenn man das Ganze in einen weltgeschichtlichen Zusammenhang stellt, wäre es ja viel gescheiter gewesen, wenn Tilly, Wallenstein, Gustav Adolf, der tolle Christian und all die anderen Akteure des Dreißigjährigen Krieges Omeletten gekocht hätten statt ganz Deutschland zu verwüsten. Insofern war das Unternehmen „Omelett" eigentlich eine zukunftsweisende Aktion der damals kaum existierenden Friedensbewegung, durchaus zu vergleichen mit dem „die Waffen nieder" der ersten Nobelpreisträgerin Bertha von Suttner vor dem Ersten Weltkrieg. Es hat beides nichts genützt, weder ihr Buch noch unser friedliebendes Omelett. Wenige Jahre später hat der Krieg die ganze Schulklasse über Europa zerstreut.

Durch die Banknachbarschaft mit meinem genialen Freund kam ich allerdings bei verschiedenen Gelegenheiten in den völlig unbegründeten Verdacht der Mittäterschaft – und so traf mich eines Tages der Blitzstrahl der pädagogischen Prophetie: Sie wissen nicht, was das ist? – Nun, die pädagogische Prophetie hat immer wieder das Schicksal schwieriger oder versagender Schüler in düsteren Farben Unheil verkündend vorausgesagt. So etwa nach dem massiven Nichtgenügend in der ersten Schularbeit im Herbst: „Gnädige Frau, Ihr Sohn wird das Lehrziel nie erreichen …" und in ähnlichen Formen. Unser damaliger Klassenvorstand, ein seelenguter Mann, der es mit uns nicht leicht hatte, pflegte seine Ermahnungen in eine gewisse Theatralik zu kleiden. Er blieb vor dem betreffenden Schüler stehen, schob langsam die Brille hinauf, maß den Unglücklichen mit einem trauerverhangenen erzieherischen Blick, der auch verstockte Herzen zum Schmelzen bringen sollte, und formte mit den Lippen unhörbare Worte. So stand er vor mir und sagte nach diesen eindrucksvollen Vorbereitungen: „Stecher, Stecher, du wirst noch im Zuchthaus enden …" Ich nahm die Sache nicht sehr ernst – er wohl auch nicht. Ich sah danach ein unterdrücktes Lachen unter seinem Schnauzbart.

Aber als ich einige Jahre später ins Gefängnis der Gestapo eingeliefert wurde, habe ich einen Augenblick gedacht: „Schau an, jetzt hat er Recht behalten …" Aber ich habe im Zuchthaus nicht geendet. Natürlich, was noch kommen wird, weiß man nicht.

Veröffentlicht 2003 in „Augenblicke".

DER KOPFPOLSTER

Eine pädagogische Glanzidee war es zweifellos nicht, eine Sonderklasse der „Sozialgeschädigten" einzurichten. Aber irgendjemand höheren Orts hatte den Einfall, dreißig Buben zwischen zwölf und vierzehn Jahren aus Problemfamilien in eine Klasse zusammenzuholen. (Inzwischen ist diese Idee schon längst im prall gefüllten Abfallkorb schulpädagogischer Versuche der letzten Jahrzehnte verschwunden.) Diese Klasse verdankte ihre Existenz zunächst nicht dem unbändigen Lernwillen der Schüler, sondern mehr der Tatsache, dass Kaiserin Maria Theresia vor fast einem Vierteljahrtausend in Österreich die allgemeine Schulpflicht eingeführt hat.

Das Leben hatte es mit diesen jungen Menschen in den schwierigen Jahren der Pubertät nicht gut gemeint. Sie litten fast alle an einem Defizit an Zuwendung, an zerbrechenden oder zerbrochenen Familien, am Nicht-gewünscht- und Nicht-gewollt- und bejaht-Sein oder am völligen schulischen Desinteresse der Erziehungsberechtigten. So ging über dieser zusammengewürfelten Schulklasse nicht eben ein verheißungsvolles Morgenrot großer Bildungs- und Erziehungshoffnungen auf.

Es gab natürlich auch Anzeichen einer gewissen Gewaltbereitschaft. Ich kann mich noch gut an den stämmigen Zwölfjährigen erinnern, der seine zu klein gewordenen Bluejeans fast sprengte. Er kam in der ersten Stunde zu spät. „Warum kommst du zu spät?", fragte der Lehrer. Er stand breitbeinig da, grub die Hände in die Hosentaschen, runzelte die Stirn und gab mit einem geradezu pflichtbewussten Ernst die Erklärung ab: „Ich hab müssen zwei Gymnasiasten zusammenschlagen …" Seine Miene drückte die Erwartung aus, dass man derartigen dringenden gesellschaftlichen Verpflichtungen unbedingt Verständnis entgegenbringen müsse. Das Mitglied einer Sonderklasse der Pflichtschule musste doch den Jüngelchen vom Akademischen Gymnasium zeigen, wo der Bartl den Most holt. Wo bliebe sonst die soziale Gerechtigkeit?

Es ging dann mit diesem letzten Aufgebot im Bildungswesen doch etwas anders, als es die pädagogischen Auspizien erwarten ließen. Der Grund dafür war der Lehrer. Er hat sich in einmaliger Weise eingefühlt und eingebracht und das kostbarste Echo gewonnen, das es für einen Erzieher geben kann: Vertrauen. Er hat – um im Bildvergleich des Gletscherhahnenfußes zu bleiben – im lebensfeindlichen Großklima ein Kleinklima geschaffen, das für die Kinder ein Stück Geborgenheit ersetzte. So kam es, dass man in diese Schulklasse, deren Übernahme von allen Mitgliedern des Lehrkörpers gefürchtet und abgelehnt wurde, schlussendlich gern hineinging. Ich kann das sagen, weil ich als Religionslehrer eingesetzt war. Als solcher hat man nur zwei Stunden in der Woche zu tun und bleibt sicher eine nicht sehr prägende Randfigur. Aber ich habe sofort das erlebt, was man „Atmosphäre" nennt. Diese Atmosphäre hat mich immer wieder überrascht.

Das zeigte sich zum Beispiel in der vertrauensvollen Offenheit, die die Schüler ihrem Lehrer entgegenbrachten. Er hat ihnen Aufsatzthemen gegeben, die den üblichen Themenkreisen nicht entsprachen. Ein Aufsatz hieß: „Was ich niemandem sagen würde".

Ihrem geliebten Lehrer haben sie es gesagt. Ich vergesse nicht die ausführliche Schilderung eines kleinen Halunken, der in allen Details und Phasen beschrieb, wie er ein Geschäft betrat, die Verkäuferin geschickt mit verschiedenen vorgetäuschten Interessen ablenkte und dann in einem unbewachten Augenblick einen schönen Kuli klaute. Er schloss seine schonungslose Darlegung des Diebstahls mit dem Satz: „Das war die Schweinerei des Jahrhunderts …"

Ein anderes Aufsatzthema hieß: „Wenn morgen die Welt unterginge …" Das fiel natürlich auch ein wenig in mein Fachgebiet und weckte meine besondere Neugier.

Ein vorsichtiger Typ beschrieb seine diesbezüglichen Pläne für den Fall eines bevorstehenden Weltuntergangs so: „Wenn morgen die Welt unterginge, ginge ich zuerst beichten. Dann ginge ich zur Sicherheit vielleicht noch einmal beichten. Und dann würde ich mir hinten im Hof ein Floß bauen und schauen, ob ich nicht doch übrig bleibe …"

Ein anderer, als Rädelsführer einiger Lausbuben in der Altstadt bekannt, nahm das Thema von der sozialkritischen Seite: „Morgen geht die Welt unter. Ich gehe durch die Altstadt. In unserer Gasse streichen sie gerade die Fassade eines Hauses neu. ‚Bist du verrückt', schreie ich zum Malermeister hinauf, ‚das ist doch alles ein Blödsinn, wenn morgen die Welt untergeht!' – Ich komme zum Obststand unter den Lauben. Die Frau kann mich nicht leiden, weil ich ihr einmal ein paar gebratene Kastanien stibitzt habe. Und was ist jetzt? Sie schenkt mir drei Tafeln Schokolade. ‚Aha', denke ich mir, ‚auch eine, die sich im letzten Augenblick beim lieben Gott einhauen will!'"

Ich habe ähnliche Aufsätze nie mehr gelesen. Man war immer zwischen Erheitert-, Berührt- und Erschüttertsein.

Eines Tages hatte der Klassenlehrer – es gab nur einen für alle Fächer, und das war gut so – die Idee, mit einer Schulklasse in Afrika in Verbindung zu treten. Die „sozial geschädigten" Kinder taten begeistert mit. Über einen befreundeten Missionar bekamen sie eine Adresse im hintersten Uganda. Man schrieb zusammen einen Brief – und siehe da, es kam eine Antwort aus dem Busch, und mit dem Bericht auch eine leise Ahnung, wie armselig es in der Schule dort zuging. Und so begann die Klasse, eine Sendung zusammenzustellen. Man sammelte verschiedene leicht versendbare Dinge. Jeder wollte etwas beisteuern.

In der letzten Bank saß einer von den größeren Schülern. Er war ein bisschen schwierig und konnte auf Grund seiner Situation kaum etwas dafür. In der Religionsstunde sah ich zu meiner Verwunderung, dass er eine Handarbeit auf der Schulbank liegen hatte, ein Stück Leinen mit Kreuzstickerei. Das war für eine Bubenklasse ein höchst ausgefallenes Hobby.

„Was soll das werden?", habe ich ihn gefragt. Er hat ein wenig herumgedrückt und schließlich kam es heraus: In der Buschschule in Afrika sei ein kranker Schüler; für den mache er einen Kopfpolster und in diesen sticke er einen Tiroler Adler …

Von vielen tausenden Schulstunden verschwindet Unzähliges aus der Erinnerung. Aber den Dreizehnjährigen in der Sonderklasse, der in der Pause an einem Tiroler Adler herumstocherte, vergesse ich nicht. Er hatte wahrscheinlich weder eine schöne Kindheit hinter sich noch eine strahlende schulische Zukunft vor sich. Er war nicht sonderlich begabt und eben nicht besonders begünstigt. Als „Sozialgeschädigter" lag er bereits in der passenden Schublade der Gesellschaft ganz unten, im Krimskrams der Zukurzgekommenen. Aber mit seinen unsicheren Kreuzstichen auf dem kleinen Polsterbezug hat er für mich eines der wertvollsten Stickkunstwerke geliefert, noch kostbarer als die wunderbaren Nadelmalereien der Kaiserin Maria Theresia und ihrer Hofdamen in der Schatzkammer des Doms von Innsbruck.

Wir wissen ja alle nicht, wie das sein wird beim großen Weltgericht, bei dem alles Undurchsichtige durchsichtig und alles Rätselhafte klar werden wird, weil wir in dieser Zeit vom Teppich der Welt- und Heilsgeschichte nur die Rückseite sehen, wirre helle und viele dunkle Fäden. Er wird umgedreht werden, der Teppich, und dann wird man die Muster erkennen, die Gott hineingewoben hat, mit den dunklen und hellen Fäden. Wie das alles sein wird, wissen wir nicht. Die Heilige Schrift spricht nur in vagen Bildern.

Doch manchmal ist mir der etwas ausgefallene Gedanke gekommen, dass auf diesem Riesentisch vor dem Weltenrichter, auf den die Beweismittel gelegt werden, auch der Kopfpolster mit dem Tiroler Adler liegen könnte.

Veröffentlicht 2005 in „Der Gletscherhahnenfuß".

WIENAKTION

In der Lehrerbildungsanstalt kamen meine Schüler aus allen Teilen und Tälern Tirols. Es war für mich schon immer ein Vergnügen, wenn sich die völlig verschiedenen Dialekte trafen. Manche hatten nur eine einklassige Volksschule hoch am Berg hinter sich. Aber mehr als einmal hat ein 15-jähriger Volksschulabsolvent Gymnasiasten innerhalb eines Jahres überholt. Kulturell betrachtet waren einige ungeschliffene Rohdiamanten dabei. Die musische Bildung war damals – im Gegensatz zu heute – dürftig. Und was die Welt des Theaters betraf, gingen die Erfahrungen über gelegentliche Dorfbühnenaufführungen nicht hinaus.

Um unsere Eleven an die österreichische Hochkultur heranzuführen, startete man die Aktion „Österreichs Jugend lernt Wien kennen". Da ich immer Klassenvorstand war, traf mich mehrmals das Los, eine Klasse nach Wien zu begleiten. Das Angebot war dicht: ein gedrängtes Programm von Kunst, Technik, Museen und Kirchen, Hofreitschule und Schönbrunn, Universität und Parlament, Ringstraße und Stadion. Hie und da überstieg es die Fassungskraft. Aber man war mit den zukünftigen Lehrern großzügig und spendierte uns für den Abend Karten für Burgtheater, Volksoper und Staatsoper. Was wir dort sahen, waren natürlich keine Ritter- und Wildererstücke. Und diese Niveauunterschiede bekam ich manchmal zu spüren.

So erhielten wir einmal für den Abend Karten zu einer Aufführung in der Volksoper. Es stand Rossinis „Wilhelm Tell" auf dem Programm. Wir fuhren mit der Straßenbahn zum festlichen Abend. Der sehr freundliche Straßenbahnschaffner fragte mich:

„Fahrt's leicht in die Volksoper?"

Ich bejahte und fügte hinzu: „Es wird ‚Wilhelm Tell' gespielt …"

„Na", meinte der sachkundige Schaffner, „der Spielplan ist geändert. Der ‚Wilhelm Tell' ist nämlich verkühlt. Heut' spielen's den Nabucco!"

Parktor in Wien

Mir war es recht. Verdi wird den jungen Leuten sicher gefallen. Es war auch eine sehr schöne Aufführung. Wir standen auf der Galerie. Damals wurde noch mit dem ganzen Pomp einer historischen Ausstattung gespielt, die Babylonier sprangen noch nicht wie heute in Kampfanzügen und Maschinenpistolen durch die Gegend. Man tauchte in den farbenprächtigen Alten Orient ein.

Neben mir stand ein Schüler aus einem fernen Tal in Westtirol und verfolgte aufmerksam das Geschehen auf der Bühne. Er war auf der Herfahrt im zweiten Straßenbahnwagen gesessen und hatte die Aufklärung hinsichtlich der Spielplanänderung nicht mitbekommen. Aber es gefiel ihm sehr. Als im zweiten Akt ein leichtbekleidetes Ballett auftrat, bemühte er sich in der Pause um ein Leihopernglas. Das war etwas enttäuschend, denn das Ballett trat nicht mehr auf.

Im Lauf des dritten Aktes wandte er sich anerkennend mit der Miene des erfahrenen Theaterfans an den Nachbarn und sagte sehr laut:

„Singen tuat er schon bärig, der Wilhelm Tell!"

Das war natürlich etwas peinlich. Denn bis zum dritten Akt hätte ihm schon aufgehen müssen, dass da drunten die Babylonier agierten und nicht die Eidgenossen, dass das Wasser, das im Hintergrund durch die Kulissen schimmerte, der Euphrat war und nicht der Vierwaldstätter See, und dass es sich beim Ballett um orientalische Bajaderen handelte und nicht um Schwyzer Meiteli. Wie gesagt, es gab eben kulturelle Überforderungen.

Dramatischer war allerdings ein anderer Zwischenfall. Wir hatten wirklich überraschend Stehplatzkarten und einige Logenplätze in der Staatsoper für Wagners „Götterdämmerung" erhalten. Es war eine Spitzeninszenierung mit einem weltberühmten Dirigenten. Ich tauschte meinen Logenplatz mit einem, der auf der Galerie stand, damit er einen etwas besseren Einblick in Bühne und Orchester bekäme. So übersiedelte ich auf die Galerie, wo der Großteil meiner Truppe stationiert war. Die Galerie hat allerdings eine ausgezeichnete Akustik, und so kann man dort die wahren Opernfans mit den Partituren in der Hand antreffen.

Im Lauf der Aufführung starb Siegfried auf der Bühne. Man stirbt in Opern manchmal sehr langsam. Der Sterbende bäumt sich immer wieder auf und singt mit einer für einen Verscheidenden bemerkenswert starken Stimme immer wieder einige Takte. Aber schließlich schwebt doch ein Pianissimo durch den Raum, das den nahenden Tod ankündigt. Die leise Musik dringt durch die Reihen und Ränge, an den Logen vorbei hinauf zur Galerie und lässt in ehrfürchtigem Schweigen vor dem Mysterium des Todes den Atem anhalten.

In dieses Pianissimo sprach mein Knabe aus dem Stubai ganz laut und vernehmlich:

„G'spannt bin i, bis der wampete Hund amol hin isch!"

Es war furchtbar. Es erhob sich ein wütendes Gezische. Ein Herr hinter uns ließ ob dieses Frevels die Partitur fallen. Derartige Zwischenrufe kann man beim „Schurkischen Kuno" machen, aber doch nicht in der „Götterdämmerung" von Wagner!

Ich habe fluchtartig die Galerie verlassen, um nicht als verantwortlicher Chef dieser Tiroler Kulturdelegation identifiziert zu werden, fuhr mit dem Lift hinunter zu meinem Logenrang, eilte durch den gekrümmten Gang nach vorne. Als ich die Loge betrat und etwas derangiert auf die Bühne hinunterblickte – da war der „wampete Hund" tatsächlich hin. Aber es war ein schmerzlicher Zwischenfall in dem Unternehmen, Söhne der Berge an die Wiener Hochkultur heranzuführen.

Beide Akteure, der im „Nabucco" und der in der „Götterdämmerung", sind ganz ausgezeichnete Volksschuldirektoren geworden. Ich habe ja schon gesagt – es waren Rohdiamanten, es hat nur ein wenig Schliff gefehlt.

Veröffentlicht 2012 in „Spätlese".

DAS TRAUMA

An sich dankt man als kleiner Soldat Gott, wenn man in einem schrecklichen Krieg nichts anderes zu tun hat, als vor einem Generalkommando auf Posten zu stehen und den hohen Herrn samt seinem zahlreichen Stab zu bewachen. Da steht man also vor einem Hotelportal mit dem imponierenden, aber hier völlig sinnlosen Stahlhelm, mit geschultertem Gewehr, breitbeinig und unbewegt, und lässt die Zeit verrinnen.
Aber man bleibt nicht ungestört.

Man muss als Wachposten vor jedem vorbeikommenden Offizier präsentieren. Das heißt, man nimmt Achtungsstellung ein, reißt das Gewehr herunter, sodass der Lauf genau vor der Nase steht, wendet den Kopf, schaut wieder geradeaus, hängt das Gewehr über und darf wieder breitbeinig stehen. So ist das Ritual, und es muss zentimetergenau durchgeführt werden, ohne jeden falschen Griff oder Wackler.

Vor einem Generalkommando ist viel Betrieb.

Zwei Hauptleute kommen vorbei – ich präsentiere.

Ein Oberstleutnant hastet heraus – ich präsentiere.

Ein Oberstabsarzt betritt das Hotel – ich präsentiere.

Ein Leutnant erwidert mit äußerst lässiger Handbewegung zur Kappe meinen exakten Gewehrgriff.

Zwei Stabsoffiziere plaudern vorbei – ich präsentiere. Sie sind ins Gespräch vertieft und bemerken mich gar nicht. Aber ich starre ihnen nach, schaue wieder geradeaus und werfe das Gewehr auf die Schulter.

Zunächst ist das eine harmlose Soldatenspielerei, die mit einem Spähtrupp oder einem Trommelfeuer nicht zu vergleichen ist. Aber wenn sich dieses Spiel in zwei Stunden ungefähr 60-mal wiederholt, kommt man sich vor wie ein Hampelmann.

Nun fährt das Auto mit dem Generaloberst vor. Ich schreie: „Ganze Wache heraustreten!" Und dann stehen wir zu viert und präsentieren. Der Generaloberst schreitet vorbei, mit Ritterkreuz und roten Streifen an den Hosen, und hebt ganz kurz die Hand zum Mützenschirm, während der Wachhabende seine Meldung herunterschreit. Der General verschwindet im Hotel.

Der Adjutant kommt wieder heraus – ich präsentiere.

Der Adjutant holt eine Aktentasche aus dem Auto und geht wieder hinein – ich präsentiere.

Der Adjutant kommt wieder heraus und geht zum Auto – ich präsentiere. Der Adjutant holt im Auto den Hund des Generals und geht mit ihm vorbei ins Hotel – ich präsentiere. Nicht einmal der Hund schaut her. Na ja, er gehört ja auch zum Stab.

Und so geht es weiter.

Bataillonskommandeure, ein Artillerieoberst, der Kommandant der Metzgereikompanie, ein Major der Luftwaffe – es nimmt kein Ende. Gewiss, es ist tausendmal besser als die Front – aber irgendwie wächst doch die Überzeugung, dass man so etwas sei wie der Depp der Nation.

Ein ganzes Menschenalter später bin ich im Rahmen der Weltbischofssynode in Rom, ganze vier Wochen lang. Mein Gesprächskreis, dem ich zugeteilt bin, tagt im eigentlichen Vatikan, also dem Palast des Papstes. Die Eingangspforte ist rechts hinter den Kolonnaden. Dort muss ich täglich viermal vorbei. Die Pforte wird von einem Posten der Schweizergarde mit Hellebarde und einem Feldwebel bewacht. Wenn ein Bischof kommt (man muss dort natürlich im bischöflichen Prachteinband erscheinen), schreit der Feldwebel: „Achtung!" Dann steht der Schweizergardist stramm und haut die Hellebarde auf den Marmorboden, dass es scheppert. Zu diesem sich oft wiederholenden kirchengeschichtlich bedeutsamen Ereignis sammeln sich Zuschauer aus allen Erdteilen, zücken Fotoapparate und Filmkameras und hoffen, dass möglichst bald wieder ein Bischof kommt. In Rom müssen sie da nicht lange warten. Bischöfe sind dort viel zahlreicher als bei uns die Kapläne.

Ich erlebe also dieses Ritual.

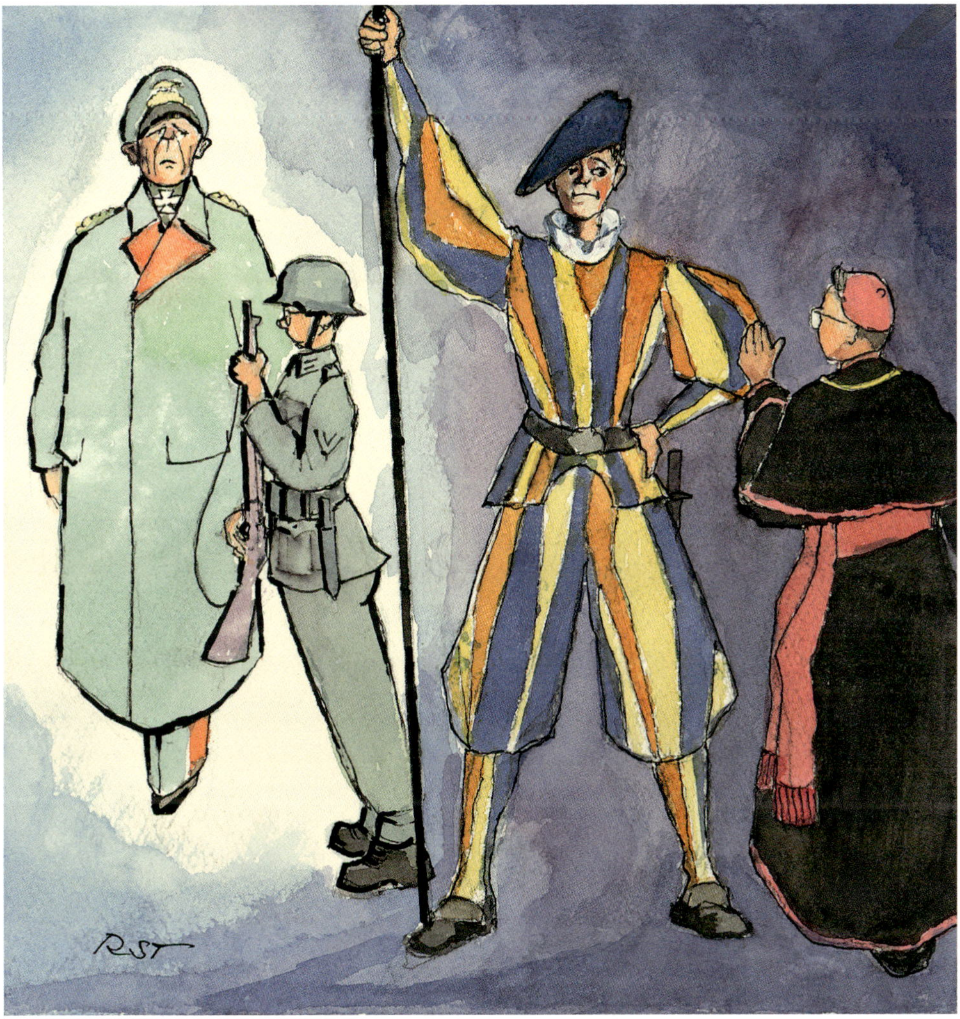
RST

Und auf einmal wird mir das alles schrecklich peinlich. Ich sehe mich vor dem Hotelportal des Generalkommandos mit der dauernden Präsentiererei. Und jetzt bin also ich der General, und da muss einer wegen mir strammstehen und mit der Hellebarde hantieren. Es wird für mich so belastend, dass ich am zweiten Tag auf den Feldwebel zugehe:

„Herr Feldwebel", sage ich, „ich bin selbst fünfeinhalb Jahre Soldat gewesen und musste vor den hohen Herren als Posten stundenlang präsentieren. Die Sache hier ist mir peinlich. Ich muss ja täglich mehrmals hier aus und ein – wäre es nicht genug, wenn mir die Wache am Morgen die Reverenz erwiese – und damit könnten wir es gut sein lassen …"

Da ergriff der Posten mit der Hellebarde das Wort und sagte mit unverkennbar innerschweizerischem Tonfall:

„Haben Sie eine Ahnung, wie ich froh bin, wenn ich mich bewegen kann!"

Veröffentlicht 2012 in „Spätlese".

DIE GEISS

Es war eine Stunde vollkommener Harmonie. Ich liege auf meinem Lieblingsplatz hundert Meter über der Schutzhütte. Vor mir schimmert der Eisbruch im Licht des Spätnachmittags, und wenn ich meine Augen über die Türme, Stufen und Eisrinnen hinaufwandern lasse, landen sie ganz oben beim Firngrat, auf dem uns heute nach einem Mondnachtaufstieg die Morgensonne erreicht hat. Es mag zwar kindisch sein, aber man schaut Berge, die man gerade hinter sich gebracht hat, besonders gerne und mit einem heimlich triumphalen Gefühl an.

Wir sind mit unseren vier Seilschaften eben zurückgekehrt, haben ein gutes Essen hinter uns – unsere Wirtin ist nämlich eine Perle –, und die jungen Leute des Alpinkurses liegen auf der Wiese rund um die Hütte. Die gesunde Müdigkeit, der nicht unberechtigte Leistungsstolz, die schwellende Lebensfreude und die wohlige Sattheit verbinden sich zu einer seltenen Mischung von Hochgefühl.

Bei mir ist dieses Gefühl verstärkt.

Ich habe noch einen anderen Dreitausender hinter mir. Eben habe ich nach wochenlangem Mühen die letzte von neun Ansprachen vollendet, die für ein anspruchsvolles Publikum gedacht sind und deshalb wie eine Zentnerlast auf den hundert Verpflichtungen des ausgehenden Arbeitsjahres vor den Ferien gelegen sind.

Und jetzt ist es geschafft. Das letzte „Amen" setze ich mit einem beinahe barockbeschwingten Schriftzug hin, lege den Stoß mit den neun Manuskripten hinter mich, dazu ein kleines Italienischbuch, in dem ich noch zu studieren gedenke, strecke mich aus, schaue in die ziehenden Sommerwolken, höre das Rauschen der Gletscherbäche rechts und links unter mir, lasse mich von der seltenen Erfahrung eines völlig programmlosen Daseins einlullen und entschlummere sanft …

Plötzlich werde ich wach. In den traumlos-glücklichen Schlaf ist ein Ra-
scheln gedrungen!

Ich richte mich jäh auf und erstarre: Hinter mir steht eine Geiß, und
aus ihrem Maul hängen gerade noch die letzten Fetzen meiner neun
handschriftlichen Ansprachen. Die Hälfte des Italienischbüchleins hat
sie als Vorspeise gefressen, beim Hauptgang ist sie dann offenkundig auf
die Theologie übergewechselt.

Ich springe auf wie ein Wilder! Meine Predigten! Sieben Wochen
Arbeit! Die Lesefrüchte und Zitate, die lange abgewogenen Formulie-
rungen – alles dahin. Von Handgeschriebenem hat man keine Durch-
schläge! Hand aufs Herz – ich liebe Tiere. Aber vor den Zügen dieses
boshaften Mistviehs erreicht diese Liebe ihre Grenzen. Die Geiß hat
schon kapiert, dass das sprachwissenschaftlich-theologische Menü zu
Ende ist. In weiten Sprüngen bringt sie sich im unwegsamen Gelände in
Sicherheit und lässt mich in ohnmächtigem Zorn zurück.

Wer den Schaden hat, braucht für den Spott nicht zu sorgen. Die
jungen Leute meines Alpinkurses halten sich den Bauch vor Lachen,
wie sie mein verstörtes Aussehen beobachten und von der Geschichte
erfahren.

„Eben habe ich die Geiß meckern gehört – sie macht das schon bedeutend frömmer …"

„Und dabei hat sie noch so einen feinen toskanischen Akzent – klassisches Italienisch!"

„Es handelt sich zweifellos um die Geiß mit dem höchsten theologischen Niveau in Tirol!"

„Es ist ernstlich zu überlegen, wie man ein derartiges Bildungsniveau im kirchlichen Sinn einsetzen könnte, zumal es sich hier um Bereiche handelt, die bis jetzt wenig religiöses Interesse gezeigt haben …"

Meine Wut sitzt tief, genährt vom Ärger, die ganze Arbeit von vorne beginnen zu müssen. Vierundzwanzig Stunden später gehe ich wieder zu meinem Stammplatz hinauf, mit einem neuen Stoß Konzeptpapier. Die Geiß treibt sich schon wieder herum, aber bei meinem Anblick nimmt sie Reißaus. Ein paar frische Visitenkarten lässt sie im Gras zurück. Bei diesem Anblick muss sich der Frust intensivieren. Das ist also alles, was von meinem Hirtenwort übrigbleibt! Hat schon jemals ein Diener des Wortes eine despektierlichere Verwandlung seiner Botschaft erlebt?

Aber eingedenk einer gewissen aszetischen Schulung und inspiriert von zeitgenössischen Bewegungen über das positive Denken versuche ich, das Ereignis meditativ in den Griff zu bekommen.

Mit dem Psalmwort „Den Seinen gibt's der Herr im Schlaf" kann ich in diesem Fall nichts anfangen, denn mir hat er's im Schlaf genommen. Da könnte ich schon eher auf Job 27, 19 zurückgreifen, wo es heißt: „Reich legt er sich schlafen … Macht er die Augen auf, ist nichts mehr da."

Vielleicht könnte man sich mit dem Gedanken trösten, es sei doch erhebend zu wissen, dass irgendjemand unsere Predigt zum Fressen gern hat. Angesichts einer Gesamtbilanz unserer Kanzelkünste scheint dies in der katholischen Kirche eher eine seltene Reaktion zu sein. Eine Reduktion des Hustens und Räusperns, eine gewisse Aufmerksamkeit, ein Hauch von Betroffenheit oder eine wohlgefällige Zustimmung sind im Allgemeinen das höchste der Gefühle, das wir erwarten können. Mit heiliger Ekstase stürzt man sich nicht auf unsere Vorbereitungen. Und manchmal – wer weiß – auch wenn die Worte aus hochgeweihtem Munde kommen, könnte es sein, dass der eine oder andere kritische Christ unsere gedanklichen Höhenflüge und ermüdenden Appelle eher als Geißfutter einstuft – wer weiß?

Andererseits, wenn ich dem betrüblichen Weg nachsinne, den meine Predigtkonzepte durch den Verdauungstrakt der Geiß genommen haben und der im Endeffekt vielleicht nur den Erfolg hat, dass im nächsten Jahr der Enzian an dieser Stelle etwas fetter blüht – ist es nicht so, dass unsere gutgemeinten, aber weniger gut gelungenen Bemühungen hie und da, nach vielen Umwegen, die noch komplizierter sind als die erwähnten biologischen, später etwas zum Blühen bringen? Aber wir sind natürlich als Kinder unserer Zeit und der „Erfolgsgeneration" so getrimmt, dass wir in unseren pastoralen Bemühungen auch den Erfolg von heute höher schätzen als den Enzian im kommenden Jahr.

Höchstwahrscheinlich liegt der tiefere Sinn solcher und ähnlicher Frustrationen im Gottesreich in der Linie der eingangs zitierten Anekdote von Johannes XXIII., dass man nämlich sich und seine Aktivitäten im Reich Gottes nicht zu ernst nehmen soll. Mir hat der Herr keinen erbaulichen Traum geschickt, sondern nur eine höchst reale, gefräßige, impertinente Geiß. Aber wenn man's recht bedenkt, kommt es auf die gleiche Botschaft hinaus: Nimm dich und deine Produkte nicht so wichtig …

Allerdings – ein Stachel bleibt. Ich versuche mein Hirtenamt im Land im Gebirge ernst zu nehmen. Aber von Geißen will ich nicht viel wissen, und sollte ich noch einmal auf einsamen Höhen zu schreiben beginnen, werde ich mich zuerst genau umschauen.

Veröffentlicht 1991 in „Heiter-besinnlich unter dem Krummstab".

BEGEGNUNG IM HOFGARTEN

Der Hofgarten zu Innsbruck ist mit seinen uralten Bäumen, den lichten Rasenflächen und den dunklen Blätterdächern, den huschenden Eichhörnchen, dem Vogelgezwitscher, den Glockenklängen rundherum und der schimmernden Bergkulisse zum Atemholen da. Wenn man die richtige Stunde erwischt, ist dort auch gar nicht viel Betrieb. Dann kann man sich auf eine Bank setzen und warten, bis die zutraulichen Kohlmeisen kommen und aus der Hand fressen. Und so bin ich zur ruhigen Zeit in den Hofgarten geflüchtet und füttere die Meisen und verfolge das Gekreisch der grünen Papageien, die sich hier in freier Wildbahn tummeln und irgendwo bei einem warmen Kamin sogar den Winter überleben. Sie sind einmal aus einem Käfig ausgerissen und haben sich selbständig gemacht. Bezüglich der Nahrungssuche werden sie keine allzugroßen Sorgen haben. Sie können mit Sponsoren rechnen. So sitze ich da und genieße die Idylle.

Aber die Idylle ist in dieser Welt oft ein Stück Selbstbetrug. Die Fragwürdigkeit des Lebens erreicht uns immer und überall. Meine Hofgartenbankidylle wird durch drei Vögel unterbrochen, die langsam näher kommen. Sie sind mir nicht bekannt, trotzdem ich mit vielen hiesigen Artgenossen Kontakte habe. Ob sie einem Käfig entkommen sind, weiß ich nicht – möglich wär's. Auf der Suche nach Sponsoren scheinen sie auch zu sein. Da der eine einen Flaschenhals aus dem Hosensack ragen lässt und der zweite eine halbvolle Flasche im Tragbeutel hat, vermute ich, dass sie nicht auf Nahrungssuche im strengen Sinn sind – wie meine zahmen Meisen – sondern eher auf Tranksuche. Jedenfalls sind es keine typischen Wasservögel. Sie scheinen andere Flüssigkeiten zu bevorzugen. Wahrscheinlich handelt es sich um eine Art Sumpfhühner.

Sie kommen zielstrebig näher. Priesterkragen und Klosterpforten sind für diese Vogelarten bevorzugte Anflugziele. Meine Ahnungen bestätigen sich. Wie sie vor mir stehen, wehen mir Fahnen entgegen, die zum Schmuck für eine größere Prozession gereicht hätten. Aber trotz allem – es sind die Typen, denen man nicht böse sein kann. Ich habe von Sandlern eigentlich nie ein böses Wort gehört.

Der Mittlere ist in etwas besserer Verfassung und übernimmt die Rolle des Sprechers. Die anderen beiden beschränken sich auf gelegentliches bestätigendes Nicken. Viel mehr an Kommunikationsfähigkeit ist nicht mehr drin.

„Hochwiaden, tan S' uns unterstützen", beginnt der Boss der Gruppe.

Ich bleibe zurückhaltend: „Mein Lieber, du kannst doch nicht erwarten, dass ich euch den nächsten Rausch finanziere … "

„Nein, niemals nicht!" sagt er mit tiefer moralischer Entrüstung. „Wir sind anständige Leut, wir schauen nur so aus. Sie wissen ja, wia des is: Ka Wohnung, ka Waschgelegenheit, ka Oabat, ka gar nix. Da schaust dann so aus … "

Aber das Aussehen ist es ja nicht, was mich so zögern lässt. Es sind die Fahnen, die mich umwehen und die meine Freigebigkeit wanken lassen.

Der Sprecher hat meine Bedenken bemerkt. Darum muss er jetzt einen neuen Trumpf herausziehen, damit er mich weichkriegt.

„Schauen Sie, Hochwiaden", sagt er, „wir sind wiakli ordentliche Leut. Bitte – Sie können sich beim Bischof Stecher erkundigen. Der wohnt gleich da drüben beim Dom und ist Ihr oberster Chef … Ich kenn ihn sehr gut …" Seine Hand weist auf die Domkuppel, die über die Bäume herüberlugt. „Ich habe mich sehr oft mit ihm unterhalten. Mit dem kann man über alles reden …" Sein Blick wird aufgrund überwältigender Erinnerungen ganz versonnen. „Ja, ja", fügt er hinzu, „wenn alle Geistlichen so wären, schauat die Welt anders aus …"

„Ja, kennst du ihn wirklich so gut? Wie oft warst denn bei ihm?"

„Ja mei", meint er, „es hat sich eben oft so ergeben. Aber bitte, gehn S' ruhig hinüber, Domplatz 5, ob'n bei der Häuserin läut'n. Sie können alles übaprüf'n …"

„Ich glaub doch nicht, dass du ihn gar so gut kennst", sag ich zu ihm.

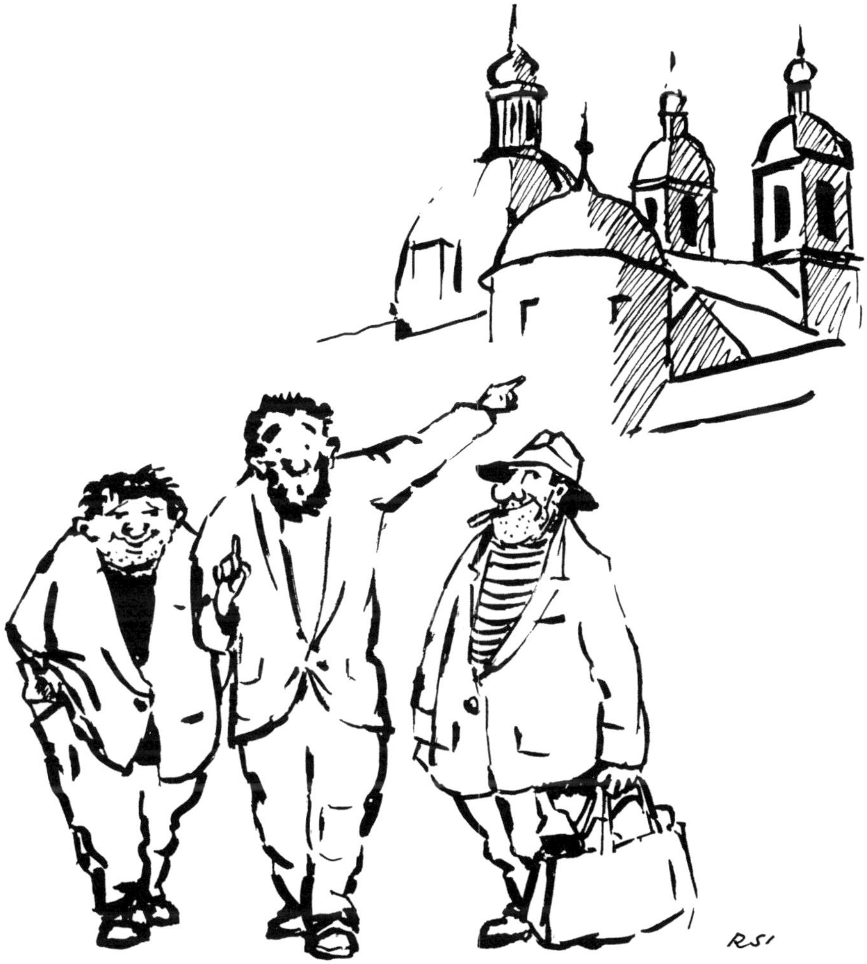
RSI

„Aber bitte, Hochwiaden, wann ich Ihnen sag … "

„Und was sagst, wenn ich der Bischof Stecher bin?" Diese Wendung war nicht vorgesehen.

Aber seine Verlegenheit hält sich in Grenzen. Es war eben ein Betriebsunfall beim „Fechten". „Mei, Hea Eminenz, Sie wiss'n scho, ma probiat halt all's …"

Ja, ich weiß.

Man kann den Brüdern nicht böse sein. Ich weiß, dass hinter dieser Szene eine menschliche Tragödie mit vielen Schicksalen und Verkettungen steht, die weit, weit zurückreichen, sodass das, was man Schuld nennt, für mich in einem fernen Dunst undurchschaubarer Zusammenhänge verschwindet.

Wir werden übrigens handelseins. Ich zahl ihnen ein Essen drüben bei Mc Donald's, und sie müssen mir versprechen, dass sie mit meinem Geld keinen Alkohol kaufen. Der Boss legt die Hand aufs Herz, und es ist merkwürdig, aber ich glaube ihm. Man soll sich nicht täuschen. Es gibt auch eine Sandlerehre. Ich habe einmal beobachtet, wie ein alter Sandler beim Selbstbedienungszeitungsstand schön brav seine Schillinge in den Kassenschlitz gesteckt hat. Gleich darauf ist ein bessergestellter Herr aus dem Auto gesprungen und hat sich eine Zeitung geholt und das Zahlen ganz vergessen, weil er in der zweiten Spur geparkt hat und es furchtbar eilig hatte … Und wenn ein alter Kunde meiner Wirtschafterin, die in größeren und kleineren Nöten hilft, Blumen abgibt, finde ich das rührend, auch wenn manchmal die Blüten zufällig mit der Neuanpflanzung im Hofgarten drüben sortengleich sind. Man darf nicht immer gleich das Schlechteste annehmen.

Ich weiß natürlich, daß die Begegnung im Hofgarten keine effiziente und gezielte soziale Aktion für die Obdachlosen in der Stadt war. Das muss alles vernünftiger, weitschauender, rationaler und besser geplant sein, damit es greift. Ich weiß, wie sorgsam die Caritas mit dem Geld umgehen muss, damit es nicht verpulvert wird. Aber an eines erinnert mich die skurrile Begegnung im Hofgarten auch: Wer irgendwo in der

Welt Gutes tut, muss auch damit rechnen, dass er da und dort ein wenig ausgenützt wird und auf einen Schwindel hereinfällt. Wer nur gibt, „wenn er ganz bestimmt weiß, dass es hundertprozentig ankommt", der verlangt zuviel. Einen kleinen Prozentsatz Leerlauf gibt es überall, auch in der Übung der Nächstenliebe.

Veröffentlicht 1997 in „Fröhlich und ernst unter der Mitra".

DORFSPASS UND GEBURTSTAGSSTÄNDCHEN

Um es gleich vorwegzunehmen: Es handelt sich hier um zwei sehr verschiedene Geschichten. Sie liegen zeitlich weit auseinander und vom Inhalt her noch weiter. Ich habe sie beide erlebt und in der Erinnerung sind sie nebeneinander aufgetaucht.

Die erste Geschichte spielt in der guten alten Zeit, in der bekanntlich alles besser war. Kinder und Jugendliche wurden viel strenger erzogen, es gab weder Diskos noch Fernsehen, und man lebte bedeutend bescheidener. Man übte mehr Respekt und stellte ans Leben nicht so hohe Ansprüche, die Ehen hielten länger, und frömmer war man auch. Eine Tafel Schokolade war ein Fest und Orangen, Pfirsiche und Trauben waren für die meisten unerreichbare Schätze. Es war eben die gute alte Zeit mit viel mehr Ordnung und Anstand. (Ich will ja manche Vorzüge anderer Epochen gar nicht leugnen – aber jede Münze hat bekanntlich zwei Seiten.)

In dieser guten alten Zeit meiner Kindheit und Jugend vor dem Zweiten Weltkrieg ist in einem Tiroler Dorf der Weber Seppl geboren worden. Er entstammte nicht gerade der besten und angesehensten Familie. Der Vater war ein Trinker und die Mutter kam mit dem ganzen Elend kaum zurecht – so war eben nicht das vorhanden, was man familiäre Geborgenheit nennt. Der Seppl war ein zusätzliches Familienkreuz. Er war behindert; heute würde man sagen, er litt an einem Downsyndrom. Damals galt er einfach als dumm und für nicht viel zu gebrauchen.

So wuchs er in seiner Tollpatschigkeit und Hilflosigkeit in die Rolle des Dorftrottels hinein, der für billige Späße und Unterhaltung benutzt wurde. Weil er von vielen verspottet und geneckt wurde, wurde er misstrauisch und böse. Hie und da gab eine mitleidige Seele dem Ewighungrigen etwas zu essen. Aber im allgemeinen Trend lagen derartige humanitäre Regungen eigentlich nicht. Der Seppl musste in einem sehr harten Klima leben. Das Einzige, was ihm geblieben war, war ein guter, fester Schlaf. Vielleicht waren seine Träume schöner als seine Lebenswirklichkeit.

Wiederum lag er also draußen auf der Wiese in der Frühlingssonne und schlief den Schlaf des Gerechten, als ihn ein paar Lauser aus dem Dorf bemerkten. Sie sahen eine ausgezeichnete Gelegenheit für eine besondere „Hetz" gekommen. Sie schlichen sich an den Seppl heran, der mit ausgebreiteten Armen auf dem Rücken lag, und legten auf seine rechte Hand frischen Kuhdreck. Dann kitzelten sie ihm mit einem Grashalm die Nase. Der aufgeschreckte Seppl schlug prompt nach der vermeintlichen Fliege und hatte das ganze Gesicht voller Kuhdreck. Großes Gejohle ringsum. Als die Geschichte im Dorf bekannt wurde, gab es auch dort ein verhaltenes Schmunzeln: Mein Gott, so sind sie halt, die Kinder … Wie gesagt, das war in der guten alten Zeit, in der bekanntlich alles besser war.

Als dann das Land Tirol in das Tausendjährige Reich eingegliedert wurde, verschwand der Seppl eines Tages. Wie viele andere transportierte man ihn als „lebensunwertes Leben" und „unnützen Fresser" in ein schönes Renaissanceschloss in Oberösterreich, wo er mit vielen tausend anderen Schicksalsgefährten liquidiert wurde.

Das ist die Geschichte vom Weber Seppl, der in seiner Hilflosigkeit viel liebenswerter war als seine Plagegeister und der hinter seiner Krankheit viel mehr Menschenwürde verbarg als seine rassestolzen Mörder.

Die zweite Geschichte spielt in unserer so viel kritisierten und manchmal auch verwirrenden, schwierigen Gegenwart.

In einer Tiroler Gemeinde wurde eine etwas ungewöhnliche Institution ins Leben gerufen. Sie nennt sich „Arche". Ihre Idee kam im 20. Jahrhundert aus Frankreich und besteht darin, dass freiwillige, gesunde, meist jüngere Menschen mit ebenso vielen Behinderten in einer familiären Gemeinschaft zusammenleben. Das ist kein leichtes Unterfangen und verlangt ein sehr hohes Maß an Idealismus. Es muss auch medizinisch, psychologisch und fachlich gut geführt sein – und vor allem ist in der „Arche" ein Auffassung von der Würde jedes Menschen gefordert, die nicht nur in einem allgemein-humanen Denken, sondern im Glauben an das Unvergängliche begründet ist. Ein besonderes Problem ergab sich aus der Ungewissheit, wie die Gemeinde diese Behinderten annehmen würde. Es ist nicht gerade eine der reichen Tourismusgemeinden, aber Behinderte eignen sich nicht für Reklame und Public Relations auf knallbunten Faltblättern. Wird man diese Gruppe im Dorf akzeptieren?

In dieser Hinsicht wurden alle bangen Erwartungen übertroffen. Das Dorf wandte sich diesen nicht besonders attraktiven Gästen zu und holte sie voll in die Gemeinschaft. Kein Fest läuft ohne die Betreuten der „Arche". Es handelt sich hier um ältere Behinderte, die sich nicht leicht unterbringen lassen, ihre Angehörigen verloren haben oder deren Eltern selbst schon Betreuung brauchen.

Das Experiment ist geglückt.

Einer der Insassen der „Arche" ist der Lambert. Er hat eine große Vorliebe für Musik. Sobald er Musik hört, beginnt er mit Temperament und Hingabe zu dirigieren und ist ganz Rhythmus und Begeisterung. Fest steht, dass man bei den so genannten Behinderten in Bezug auf Emotion und Freudefähigkeit oft so viel lernen kann, dass man sich insgeheim fragt, wer eigentlich in diesen Bereichen der Behinderte ist. Das ganze Dorf weiß von der musischen Leidenschaft des guten Lambert.

Sein 60. Geburtstag kam heran. Und nun geschah, was ich eben der Vergessenheit entreißen muss. Die Musikkapelle der Gemeinde rückte in voller Tracht aus, um dem Jubilar ein Ständchen darzubringen, damit er einmal nach Herzenslust dirigieren konnte. Und er wusste dieses Fest zu feiern.

Wie gesagt, ich habe beides erlebt – den Dorfspaß mit dem Weber Seppl auf der Wiese und das Geburtstagsständchen für den Dirigenten aus der „Arche". Und ich habe beides eingeweiht: die Häuser der „Arche" und das Mahnmal auf dem Boden der Innsbrucker Klinik für die in der NS-Zeit ermordeten psychisch kranken Menschen unseres Landes. Ich danke Gott, dass das eine ein Mahnmal für die Vergangenheit ist, die eben keineswegs in allen Belangen die gute alte Zeit war, und das andere eine tröstliche Realität der Gegenwart, unmittelbar neben den Verkehrssträngen des jagenden Transits, mitten in der modernen Welt.

Veröffentlicht 2005 in „Der Gletscherhahnenfuß".

DIE LÄNGSTE UND DIE KÜRZESTE PREDIGT

Es fing damit an, dass mich der Behindertenseelsorger bat, die heilige Firmung bei den Schwerstbehinderten zu spenden. Es handelte sich um Kinder mit jener Stufe der Behinderung, die eine Schulbildung im eigentlichen Sinne nicht mehr erlaubt, auch nicht mit den bescheideneren Vorgaben einer üblichen Sonderschule. Die Kinder waren in einem Heim – aber ich muss gestehen, in einem Heim mit so herzlicher und positiver Atmosphäre, dass man am subjektiven Glücklichsein gar nicht so zweifeln konnte.

„Aber eins muss ich dir sagen, lieber Bischof", beschwor mich der Kaplan, „die Predigt darf nicht länger sein als drei Minuten, du weißt ja …"

Ja, ich weiß.

Und das wurde nun meine längste und meine kürzeste Predigt. Die längste in der Vorbereitung und die kürzeste in der Aussage. Es trifft mich oft zum Predigen und Sprechen, in alten Domen und gefüllten Sälen, vor Bäuerinnen und Universitätsprofessoren, vor frommen Schwestern und kritischen Jugendlichen. Und mir hat die Vorbereitung immer viel Mühe gemacht.

Aber diesmal war's zum Verzweifeln. Drei Minuten! Diese armen Menschen vor mir und die Eltern … Eine Geschichte geht nicht. Das dauert zu lang, sie würden sie auch wahrscheinlich nicht verstehen. Die meisten gängigen Redewendungen und Begriffe sind unbrauchbar. Jeder komplizierte Satz muss fallen. Eine Eröffnungsansprache zu einem gleichzeitig laufenden wissenschaftlichen Kongress ist bedeutend unproblematischer.

Und doch, Herr, ich weiß, dass diese Kinder und ihre Eltern bei Dir besonders hoch im Kurs stehen und dass auch in diesem Fall das Mysterium Deines Geistes in dieser heiligen Firmung wogt und waltet.

Aber das Auseinanderklaffen der Denk- und Erfahrungswelten ist so groß, dass ich mir bei der Vorbereitung wie ein Radfahrer vorkam, der mit der größten Übersetzung eine Bergstrecke bewältigen soll.

Und dann war es so weit.

Die festliche Kapelle, die anderen Kinder des Heims spielten mit dem Orff'schen Schulwerk eine erstaunlich schöne Musik. Und vorn in der ersten Reihe ein paar Firmlinge mit Eltern und Paten.

Statt der Predigt hab ich einfach gesagt:

„Liebe Kinder, die Mama und der Papa und die Geschwister und die Tante haben Euch lieb. Und die Schwestern haben Euch auch lieb. Sie wollen Euch zeigen, dass sie Euch gern haben. Dann streicheln sie Euch über den Kopf und die Haare und die Wangen, so wie ich das jetzt beim Rudolf und bei der Anita mache. Und bei der heiligen Firmung – da streichelt Euch der liebe Gott, weil er Euch lieb hat. Wenn ich also mit diesem heiligen Öl ein Kreuzel auf die Stirn mache, streichelt Euch der liebe Gott …"

Wie ich dann zur Firmung hinuntergehe, komme ich zu einem Buben, den die Mutter mühsam in den Armen hält, um die fahrigen Bewegungen des Spastikers einigermaßen im Griff zu haben. Und wie ich das Kreuz mit dem heiligen Öl auf die Stirn machen will, verzerrt sich sein Gesichtchen – ich weiß nicht, dass das ein Lächeln sein soll –, und er gurgelt mühsam hervor:

„*Schtreicheln …*"

Und aus dem Mundwinkel rinnt ein wenig Speichel auf den schönen Festtagsanzug. Die Mutter nimmt das Taschentuch und wischt ihn ab, und dann gebraucht sie's gleich noch einmal, um ihre Tränen abzuwischen.

Das hätte sie nicht tun müssen.

Die Tränen der Mutter eines behinderten Kindes blitzen vor dem Altar viel kostbarer als Brillanten auf einem Bischofskreuz …

Kein Predigtecho und kein tosender Beifall in einer Kongresshalle haben mich je so gefreut wie dieses Wörtchen „schtreicheln" des Schwerstbehinderten.

Vielleicht könnte man einwenden, hier sei die Theologie des Firmsakramentes mit dem Bild des „Streichelns" zu sehr vereinfacht.

Aber dieses Streicheln geht doch durch die ganze Heilsgeschichte.

Es ist schon im milden Morgenwind, mit dem der Herr im Bericht der Genesis das gefallene Paradies betritt.

Und es fährt über den schlafenden Jakob, der von der Himmelsleiter träumt, auf der die Engel auf- und absteigen.

Und es weht um den verzweifelten und verbitterten Elias, der auf dem Berge Horeb vor der Höhle sitzt, der den Unendlichen nur als Säuseln eines feinen Windes zu spüren bekommt.

Und der Blinde, dem Jesus über die Augen strich, hat es gefühlt. Ebenso der Taubstumme, dem er Ohren und Zunge berührte.

Sogar über den Jüngling von Naim kam dieses Streicheln, obwohl damals das Berühren der Toten unrein machte.

Die Kinder haben das Streicheln zu spüren bekommen, wie der Herr sie gesegnet hat.

Das schönste Streicheln wurde wohl dem verlorenen Sohn zuteil bei der Umarmung durch den Vater, wie er nach Hause gekommen ist.

Wenn dieses Streicheln Gottes nicht wäre …

Wenn dieses Streicheln Gottes über diese wunde Welt nicht wäre, dann hätte ich dieses Büchlein gar nicht zu schreiben gewagt.

Denn dann gäb's wahrhaftig nicht viel Grund zum Fröhlichsein …

Veröffentlicht 1991 in „Heiter-besinnlich unter dem Krummstab".

DIE BERGENDE BOTSCHAFT

Wenn man das sagen möchte, was einen im Tiefsten bewegt, ringt man um Worte. Aber die Offenbarung, dass wir trotz allem, trotz dieser belasteten und belastenden Welt, trotz der so berechtigten Vorwürfe des eigenen Herzens und trotz aller frustrierenden Erfahrungen doch von einem unendlichen und gleichzeitig so nahen Gott letztlich umfangen und in Ihm geborgen sind – diese Botschaft schlägt alles. Ich erinnere mich an einen Augenblick in der Vorlesung Karl Rahners im großen Hörsaal der Fakultät, wie er seine oft komplizierten und schwierigen Gedankengänge in lateinischer Sprache plötzlich unterbrach und ganz lapidar und überwältigt sagte: „Meine Herren, die Botschaft des Christentums ist unüberholbar …"

Es gibt nichts Größeres als die Erlösung in Christus. Es ist nur schade, dass wir sie oft so lieblos und unansehnlich verpacken.

Aber schon durch das ganze Alte Testament geht die Kunde von Auszug und Heimkehr, Gefangenschaft und Gelobtem Land, Bedrohung und Rettung. Das wiederholt sich wie ein feines Muster in einem kostbaren Damast. Die schönsten Bilder der orientalischen Poesie singen die Lieder vom bergenden Gott: drohende Schlucht und grünende Weide, dürre Wüste und rieselnder Quell, Flucht vor dem Feind und sichere Burg, hilflose Angst und ragender Fels, müder Wanderer und gastliches Zelt, Totengebein und blühendes Leben, schweigende Harfen in der Fremde und fröhliche Lieder der Heimkehr, einsam piepsender Jungvogel und schützende Schwinge des Adlers, sengende Sonne und schattiger Baum, lastende Schuld und umarmende Güte, Dunkel der Nächte und Wecken des Morgenrots … Durch alle Turbulenzen und Grausamkeiten der Geschichte Israels hindurch summt der Herr diese Kennmelodie seines Waltens in der Welt, immer deutlicher und eindringlicher, bis er das wahr macht, was er angekündigt hat: Heimführen will ich euch von überall her …

Im Neuen Testament müssen wir nur das schönste aller Gleichnisse aufschlagen, ganze 21 Verse lang, so schlicht, dass es die Vierjährigen im Dorfkindergarten zeichnen und erzählen können, und so tief, dass es kein Denker und Theologe der Welt auszuschöpfen vermag. Es ist das Gleichnis, das das Schicksal der Menschheit und das Schicksal des Menschen schildert, das meine und das deine: Es ist das Gleichnis vom Verlorenen Sohn (Lk 5,11–32). Es ist sozusagen der Hymnus auf die große Heimfahrt.

Alles hängt von diesem Bilde Gottes ab, darum erscheint es mir auch heute so zentral: Der ausgeflippte Sohn wäre von den Schweinen nie losgekommen, wenn er nicht irgendwo im Herzen verborgen doch noch das Bild eines Vaters gehabt hätte, bei dem man hoffen kann. Der moralische Aufbruch braucht das Mut machende Motiv.

Und das ist der barmherzige Gott. Es gibt oft nichts Tiefsinnigeres als die Sprache. Wenn der Hebräer diese Ureigenschaft Gottes, sein innerstes Fühlen und Mitfühlen, seine Zuwendung und Güte ausdrücken will, dann sagt er „racham", und wir übersetzen das mit „barmherzig". Das Wort hat einen wunderbaren Bildhintergrund, weil das Hauptwort „réchem" „Mutterschoß" bedeutet (alle, die im Gottesbild der Heiligen Schrift frauliche Züge suchen, können sich hier bestätigt fühlen). Das ist sozusagen die fundamentale Aussage von Gott: Der Mutterschoß umfängt, schützt, wärmt, nährt, bietet Sicherheit, Heimat und Geborgenheit. Schöner könnte die Kunde vom bergenden Gott gar nicht ausgedrückt werden. – Und plötzlich überkommt uns ein jähes Erschrecken, wenn wir daran denken, dass unsere hoch entwickelte Zivilisation es fertig gebracht hat, den Mutterschoß zum gefährlichsten Aufenthalt des Menschen werden zu lassen, gefährlicher als die Straßen, ja selbst gefährlicher als die Kriegsschauplätze, wie uns die Statistiken lehren. Vielleicht könnten unsere Überlegungen zu Entbergung und Geborgenheit nicht eindrucksvoller symbolisiert und dramatisiert werden als mit dieser Gegenüberstellung: der Mutterschoß –Gott und die Einbuße der Mütterlichkeit in unserer Gesellschaft.

Und so ergibt sich für die Kirche von morgen als erster Appell, darauf zu achten, dass die Botschaft vom bergenden Gott nicht unter die Räder kommt. Die Dominante unserer Verkündigung muss die Weise vom barmherzigen Gott sein, und alles moralische und soziale Bemühen ist ein Echo auf diese Melodie. Wenn wir diesen Part, den schönsten Teil unseres Programms, zu kurz kommen lassen, dann werden die Träumer und Phantasten, die Zampanos und Magier auf den Plan treten und entsprechenden Ersatz anbieten. Im allgemeinen Kirchenkonzert sind heute die Pauken der Autoritätsfragen, die Posaunen von Image und Macht, die Trompetenstöße der Moral und ein paar andere schrille Instrumente um eine Spur zu laut. Da geht jene ergreifende Melodie unter, die um den Brunnen von Samaria weht, den Guten Hirten begleitet, bei der Kindersegnung aufklingt und dann mit ein paar mühsamen Seufzern am Kreuz fast erstirbt, um am Ostermorgen ein großartiges Fortissimo zu erleben. Wir spielen zu viel mit dem Frust und zu wenig mit der Freude. Und eines ist sicher: Die zarte Weise vom bergenden Gott können nur Ergriffene spielen. Die technische Beherrschung theologischer Instrumente genügt hier nicht …

Der Ruf nach bergenden Menschen

Der freundliche Schaffner ist mir auf meinen Bahnfahrten oft begegnet. Da sich mit der Zeit ein Bekanntenkreis bildet, reicht es für einen kleinen Plausch, und es ist wie überall im Leben: Man reist anders, wenn hinter dem Amt der Mensch hervorzulugen beginnt.

Die Geleise in die Geborgenheit erfordern ein Bahnpersonal eigener Art. Es braucht in Welt und Kirche heute Menschen, die kraft ihrer Persönlichkeit ein Gegengewicht zu jenen Defiziten bilden, die uns heute beeinträchtigen. Das gelingt Menschen, die eine gewisse geistige Ausstrahlung mit Gemütstiefe und Beständigkeit verbinden. „Der Mensch mit Herz" ist in allen Bereichen gefragt. Sogar im nüchternen Raum wirtschaftlichen und betrieblichen Managements hat man erkannt, dass es mit dem „schnellen Schalten", dem großen „Durchsetzungs- und Organisationstalent" allein nicht getan ist. Es gibt viele Sünden, vor denen wir uns als Christen hüten müssen. Am meisten fürchte ich die Herzlosigkeit. Und wenn ich die Evangelien lese, dann habe ich den Eindruck, dass Jesus bei seinen Auseinandersetzungen mit den Fehlformen des Pharisäismus ganz ähnlich denkt. Der christliche Erzieher und Lehrer, der Seelsorger und die Ordensfrau, die Kindergärtnerin und der Arzt und der christliche Politiker, sie bräuchten alle zu ihren Berufszeugnissen das ungeschriebene Diplom der Herzensbildung, das Einfühlungsvermögen, Verstehen und schlichte Solidarität bescheinigt. Dann können sie als Zugbegleitung auf der Bahnstrecke in die Geborgenheit tätig sein.

Es gibt auch bergende Vollzüge …

Es mag vielleicht ein subjektiver Eindruck sein: Aber der leise Rhythmus der Räder, der auch in gut gefederten Wagen zu spüren ist, hat etwas Beruhigendes.

Und damit sind wir bei einer Seite der Wirklichkeit, die ich schon bei der Entfremdung des Menschen von der Natur angesprochen habe. Wir fallen aus allen Rhythmen. Und dabei hat doch alles Leben diese doppelte Seite: Die eine ist die des Spontanen, Überraschenden, Unberechenbaren. Je höher das Leben steigt, umso mehr ist diese Fähigkeit zur Eigenbewegung ausgeprägt – von der Tierwelt bis zum Menschen. Aber die andere Seite des Lebens bleibt auch bestehen: das Gesetz der Welle und des Rhythmus.

Wir brauchen ja nur an ein Kind zu denken: Auch wenn es einen immer größer werdenden Freiraum zu seiner Entfaltung beansprucht – es braucht auch gewisse Ordnungen und feststehende Riten. Wie viel Beruhigung bringt für ein Kind das „Schlafengehen-Ritual"! Der Tag wird damit eingefangen, die immer wiederholten Gesten bis zum Gutenachtkuss geben Geborgenheit, schaffen Heimat.

Rhythmus und Ritus lassen vertraute Welten wachsen. Das religiöse Leben ist ein Lebensvollzug wie jeder andere. Es braucht, damit es gesund ist, auch diese beiden Elemente: die lebendige Spontaneität und die selbstverständliche Wiederholung. Aber das Zweite ist nicht besonders modern. Man stuft Vollzüge wie Sonntagsgottesdienst und Ähnliches schnell einmal als Zwang, Trott, bloßen Brauch und Äußerlichkeit ein, weil die rhythmischen Selbstverständlichkeiten eben nicht immer mit größter Ergriffenheit vollzogen werden können.

Aber es wäre der Mühe wert, über den tieferen Sinn vorgegebener Riten nachzudenken. Denn so weit die Erde reicht, hat der Mensch Kalender entwickelt, Riten, Feste, Bräuche, Gesten, Worte und Symbole, die sich wiederholen. Auch mitten in einer säkularisierten Welt ist diese Treue zu wiederholenden religiösen Vollzügen notwendig. Wer sie sich einfach abschafft, zahlt einen höheren Preis, als er glaubt.

Eine Lebensgestaltung, die nur nach dem Grundsatz „Was gibt mir das?" ausgerichtet ist, ist eigentlich in keinem Bereich des Daseins möglich. Keine Hausfrau kann es sich leisten, nur dann zu kochen, wenn sie einen kulinarischen Anfall hat. Kein Lehrer kann nur dann zum Unterricht gehen, wenn ihn der pädagogische Eros treibt. Kein Arzt darf es sich erlauben, nur dann eine Visite zu machen, wenn ihn das medizinische Interesse ergreift. Und genauso wenig kann Religion in meinem Leben nur dann Platz haben, wenn ich gerade einen religiösen Anfall habe.

Eine Lebensgestaltung, in der nicht auch das andere zum Tragen kommt – die ungefragte Selbstverständlichkeit und Treue –, verliert nicht nur den Stempel der Echtheit, sie nimmt auf weite Sicht auch Freude. Und im religiösen Bereich schaffen schlicht wiederkehrende Vollzüge den Raum des Vertrauten und die Heimat des Herzens.

Rilke hat es einmal wunderbar gesagt:

„Und da weiß ich,
dass nichts vergeht,
keine Geste und kein Gebet
(dazu sind die Dinge zu schwer) …"

Wenn ich auf einer Landstraße an einer bestimmten kleinen und an sich unbedeutenden Kapelle vorbeifahre, erinnere ich mich immer an einen Großkaufmann. Er hat mir in stiller Stunde gestanden, dass er auf seinen Geschäftsreisen dort immer halte und zukehre … Wie viel Geborgenheit kann ein Wallfahrtsweg vermitteln, vorab zu einem jener leisen Heiligtümer abseits des großen Trubels. Sie bieten mitten in den Turbulenzen der hektischen Zeit für eine kurze Weile Asyl. Und sie flüstern uns zu: Hier bist du zu Hause.

Der Sonntagsgottesdienst, für dessen herzliche und lebendige Gestaltung ich natürlich plädiere, hat eine über das augenblickliche Wohlgefallen hinausgehende Funktion. Im Tempel von Jerusalem stieg zur Zeit Jesu jeden Tag um neun Uhr vormittags und um sechs Uhr abends die Rauchsäule eines Opfers auf. Die Juden nannten es „Tamid“. „Tamid“ heißt auf Hebräisch „Immer wieder“. Wenn unsere Frömmigkeit beheimaten soll, braucht sie diese „Immer-wieder-Rauchsäulen“. Der Raum des Heiligen braucht sie. Ein Supermarkt braucht sie nicht. Aber ein Supermarkt wird auch nie eine Heimat. Jesus hat gewusst, warum er dem Tempel das Schicksal des Supermarktes ersparen wollte …

Rhythmus hat immer etwas Beruhigendes – sogar der Rhythmus der Räder des Zuges, der durch das Land jagt.

Der Mensch braucht bergende Gemeinschaften

Er braucht sie über den bergenden Ur-Raum der Familie hinaus (ganz besonders dann, wenn diese Zelle der Geborgenheit nicht da ist).

Vor wenigen Tagen habe ich einen Bürgermeister einer Gemeinde von 6000 Menschen gefragt, wie viele Vereine er habe. Er hat mir geantwortet: 60! – Vielleicht hätte ich vor vielen Jahren über so viel „Vereinsmeierei“ gelächelt. Ich lächle schon lange nicht mehr.

Heute weiß ich besser, was dieses Netz von Verbindungen wert ist, das sich über die Gemeinden und Pfarrgemeinden unserer Heimat spannt. Es verhindert die Isolation. Es schafft überschaubare Gruppen, spannt sich über Generationen: In der Musikkapelle bläst der Sechzehnjährige neben dem Sechzigjährigen, im Pfarrgemeinderat reden die Jugendvertreter mit den Senioren. Das Netz geht auch über Berufsstände: Im Alpenverein spurt bei der Schitour der Amtsrat neben dem Facharbeiter, und in der Amnestygruppe sitzt der Jurist neben der Krankenschwester.

Das alles schafft ein Stück Geborgenheit. Sicher heißt das auch Verbindlichkeit, Zeitaufwand und damit verbunden auch ein Stück „Sozialkontrolle". Wer darin nur „Zwänge" und „lästige Traditionen" sehen kann, fährt am Leben vorbei. Ein Mensch ohne jede Form von „Anschluss" ist irgendwie gefährdet.

Auch in der Kirche braucht es eine Vielfalt solcher Möglichkeiten. Das Netz der bergenden Gemeinschaften muss viele Maschen haben.

Nur eines dürfen diese sekundären Gemeinschaftsformen nicht: Sie dürfen die primäre, die Familie, nicht zerstören. Sie bleibt die Wiege der Menschlichkeit.

Bergende Bilder

Meine Gedanken schweifen weit zurück, zu einem religionspädagogischen Versuch in einer 3. Klasse einer Volksschule. Es ging um eine Bildmeditation mit Kindern. Das Klassenzimmer war abgedunkelt, vorne war ein leuchtendes Dia projiziert. Die Kinder saßen zwanglos auf den Bänken und Tischen und waren still. Und dann begannen sie spontan zu reden, was ihnen bei diesem schönen Landschaftsbild, einem Fluss mit Bäumen, in den Sinn kam. Was ich da zu hören bekam, war so tiefsinnig und originell, dass ich es bis heute nicht vergessen habe.

Und damit sind wir beim bergenden Bild. Nicht jedes eignet sich dazu. Es dürfen keine jagenden, über die Bildschirme huschenden Bilder sein, bei denen das Herz sowieso nicht nachkommt. Natürlich gibt es in der Bilderflut, die sich täglich über uns ergießt, auch das provozierende, anklagende, aggressive, ironische, lustige oder spekulativwerbende

Der Mühlbach im Schlosspark Ambras

Bild – und alle haben ihre Funktion. Aber sie eignen sich für die oben genannte Zielsetzung nicht.

Das bergende Bild muss so sein, dass es zum stillen Schauen einlädt. Es muss etwas Beruhigendes an sich haben und Heilendes ausstrahlen. Es kann sich um ganz profane Bilder handeln, aber irgendwo müssen sie leise die Tür zum Geheimnisvollen aufmachen. Sie müssen verständlich sein, aber nicht platt. Bilder, die nur informieren, sind für eine solche Stunde mit Kindern unbrauchbar.

Der Computer spuckt solche Bilder nie aus, so nützlich er ist.

Es müssen Bilder von jener Art sein, die der Tiefenpsychologe C. G. Jung für einen unschätzbaren Wert in der Seele hielt, Bilder, die wir in den verborgenen Galerien des Herzens aufhängen und die man wie kostbare Erbstücke hie und da hervorholt.

Manchmal begegnen sie uns in der Malerei oder der Fotografie, oder sie tauchen beim Lesen eines Buches oder beim Hören einer Geschichte auf. Unzählige Male schenkt sie uns die Natur.

Wer solche Bilder in Kinderherzen zaubert, hat für den inneren Halt des jungen Menschen mehr getan, als man mit vielen dürren, gescheiten Sätzen tun kann. Darum schafft intellektualisierte Sprache keine Wohnräume des Geistes. Und deshalb braucht eine heimholende Seelsorge das gute Bild.

Was für die Kinder gilt, gilt auch für Erwachsene. Das Massen-Bildfutter, mit dem uns die Informationstechnik überschüttet und das unverdaut und wirkungslos an uns abrinnt, wirkt eher verbildend. Wenn die Kirche das tröstende Geheimnis in die Welt sagen will, braucht sie das bergende Bild.

Bergendes Wort und bergende Weise

Mit dem Wort ist es ähnlich wie mit dem Bild. Mit dem Schwall der täglich auf uns einstürmenden gedruckten, gesprochenen und vervielfältigten Worte, die auf allen Wellenlängen um den Erdball flitzen, hat das menschliche Wort eine hohe Inflationsrate erreicht. Mich befällt manchmal die Angst vor der Wörterflut, vor allem dann, wenn ich selbst mein Teil dazu beisteuere.

Wie selten ist ein Wort mit Klang, Nachhall und Tiefe, ein „Glockenwort", eine Kennmelodie für Geist und Herz, die sich mit ein paar großen Schlägen über den brodelnden Lärm schwingt!

Für die Reise in die Geborgenheit brauchen wir auch hie und da das bergende Wort. Ich meine damit nicht den Lehrsatz, der zur Abwehr von Irrtümern notwendig ist. Ich spreche auch nicht von der Definition – obwohl sich die Theologie darum bemühen muss. Aber das Bemühen um eine möglichst umfassende intellektuelle Darstellung des Glaubensgebäudes schafft noch kein bergendes Wort. Bergende Worte im religiösen Bereich sind nicht nur orthodoxe Konzentrate. Ja, es genügt nicht einmal, wenn man sie ästhetisch bewundern kann wie schöne Dichterzitate. Bergende Worte muss man beten können, nicht nur denken und aufsagen.

Darum plädiere ich für ein bescheidenes Maß lebensbegleitender, schlichter, gültiger, gemeinsamer oder selbst geprägter, persönlicher oder übernommener Formeln – nicht Schlagworte, sondern Herzworte, die etwa jenem Wort des Franz von Assisi gleichen, der eine Nacht lang nur „mein Herr und mein Gott!" gebetet hat; oder dem Jesusgebet russischer Wandermönche, die mit dem Wort „Jesus, erbarme dich meiner" die russischen Weiten durchzogen haben …

Bergende Worte können großen Halt in Belastungen geben, auch beim Abschied aus der Welt. Da greift man auf einen vertrauten Schatz zurück, der immer wieder in einer neuen Innigkeit aufblitzt. Ich weiß, wovon ich rede. Ich habe sie murmeln gehört, die bergenden Worte, wenn alle Wörterschwaden der Welt belanglos wurden.

Die Weise erreicht das menschliche Herz am schnellsten. Bei der Schaffung einer vertrauten Welt hat deshalb die Musik in der ganzen Geschichte der Menschheit eine hervorragende Rolle.

Das ist kein Plädoyer gegen das „neue Lied". Gerade die Jugend muss ihr Lebensgefühl in ihrer musikalischen Sprache zum Ausdruck bringen. Aber die Weise, die „erinnert" und Grundstimmungen der Seele mit neuer Bewegtheit und Ergriffenheit aufsteigen lässt und die wie ein griffbereiter Schlüssel in dem Raum des Mysteriums bereitliegt – die muss es auch geben.

In diesem Zusammenhang möchte ich die in Text und Melodie wunderbare Weise von „O Haupt voll Blut und Wunden" nennen. Das Lied hat höchste künstlerische Qualität und große Schlichtheit. Die Mutter hat es uns schon daheim gelehrt. In der Schule haben wir es im Erstkommunionsjahr gesungen, als Ministranten haben wir es beim Kreuzweg gehört.

Mit dreizehn, vierzehn war man gegenüber frommen Liedern etwas distanziert. Aber als die kirchliche Jugendarbeit in der NS-Zeit in den Untergrund gehen musste, war das Lied wieder auf dem Programm. Und nie werde ich vergessen, wie in der vordersten Frontstellung an einem bitterkalten Gründonnerstagabend diese Melodie sich in mein Funkgerät verirrte. Ich habe das Lied später in den wunderbaren, mehrstimmigen Sätzen von Johann Sebastian Bach gehört. Ich höre es heute in Kirchen und Chören; und wenn ich mir einmal ein letztes Lied wünschen dürfte, wäre es bestimmt die Schlussstrophe dieses Liedes:

> *„Wenn ich einmal sollt' scheiden,*
> *so scheide nicht von mir,*
> *wenn ich den Tod soll leiden,*
> *so tritt du dann herfür!*
> *Wenn mir am allerbängsten*
> *wird um das Herze sein,*
> *dann reiß mich aus den Ängsten*
> *kraft deiner Angst und Pein …"*

Wir sind jetzt lange bei den „Geleisen in die Geborgenheit" verweilt. Ich glaube, dass die Seelsorge von morgen auf diese Bahntrasse besonders achten müsste. Denn auf der einen Seite ist unsere Welt voll der entbergenden Mächte, die die Menschen des inneren Halts und vieler Stützen berauben, und auf der anderen Seite ist die Botschaft Christi durchtränkt von diesem Ruf, der den Menschen nach Hause holt.

Und wer den verständlichen Einwand macht, dass ich hochaktuelle moralische Forderungen nicht so in den Vordergrund rücke, wie das üblich ist, dem muss ich antworten: Ich streiche sie nicht. Der große Zug des Heils fährt nicht zum Nulltarif. Aber aus der Psychologie der Gewissenswerdung wissen wir es ebenso wie aus den Grundlinien der Offenbarung: Moralisches Gewissen wächst nur bei dem Menschen, der sich geliebt weiß. Wir sind nun einmal so gebaut, dass wir nur jemandem zuliebe uns zum Guten und dem damit verbundenen Verzicht aufraffen können.

Um beim Bahnbau zu bleiben: Zuerst muss man die Pfeiler errichten, bevor man über die Brücke Geleise legen, Masten und Signale aufstellen kann. Und die Pfeiler sind die heimholenden Mächte, die Lebensmut und Vertrauen schenken. Und der Felsengrund, in den sie eingesenkt sind, ist Gott.

Wir haben mit dem Refrain Friedrich Nietzsches begonnen, der mit den Worten „Weh dem, der keine Heimat hat" einer ganzen Epoche des sich von allen Bindungen emanzipierenden Menschen die düstere Kennmelodie vorgesungen hat.

In der Mitte des 20. Jahrhunderts hat ein anderer ein anderes Lied gesungen. Dass es 1944 aus der Todeszelle der Gestapo heraus gesungen wurde, macht es nur umso glaubhafter und gibt ihm eine herbe Echtheit. Ich möchte die Worte Dietrich Bonhoeffers als Hymne für das Morgen des Christseins erwählen:

„Von guten Mächten wunderbar geborgen, erwarten wir getrost, was kommen mag …"

Veröffentlicht 1995 in „Geleise ins Morgen".

BAHNT DEM HERRN DIE STRASSEN!

Vom Fenster meines früheren Arbeitszimmers aus geht der Blick hinunter in die Altstadtgassen Innsbrucks, über die sich in den Wochen vor Weihnachten die Lichtgirlanden spannen. Die in Helligkeit getauchten Pflasterwege unter der Dezembernacht haben etwas Anheimelndes. Auf meinem Schreibtisch liegt aufgeschlagen das Buch des Propheten Jesaja, und darin ist auch von Straßen die Rede. Er singt dem Kind von Bethlehem schon siebenhundert Jahre vorher ein Begrüßungslied: „Bahnt für den Herrn einen Weg durch die Wüste! Baut in der Steppe eine ebene Straße für unsern Gott! Ebnet den Weg, räumt die Steine beiseite …!"

Wo sind sie, diese Wege Gottes in unserer Zeit? Die strahlenden Geschäftsstraßen kann man wohl nicht ohne weiteres damit identifizieren. Gibt es in unserer Epoche so etwas wie ein Straßenbauprogramm Gottes? Zeichnen sich in Kirche, Gesellschaft und Weltbewußtsein von heute Trassen des Geistes und des Herzens ab, die man als „Straßen des Herrn„ bezeichnen könnte; Straßen, die nach Bethlehem führen und darüber hinaus in eine erlöstere Welt? Ich glaube, daß es dieses Straßenbauprogramm Gottes gibt. Nur liegt es meist im Schattendunkel unseres Bewußtseins. Also will ich für diese großen Transitrouten Gottes die Beleuchtung einzuschalten versuchen. Sie verdienen wirklich ein paar Lichtgirlanden.

Die Straße in Richtung Herz

Seit damals, als der Verhaltensforscher Konrad Lorenz in seinen „Acht Todsünden der zivilisierten Menschheit" darauf hinwies, sind über ein Phänomen ganze Bibliotheken geschrieben worden: die sterbenden menschlichen Beziehungen in einer verstädterten, überorganisierten, übertechnisierten, computergesteuerten, sich auf enger werdendem Raum zusammendrängenden Menschheit. In einem derartigen Klima schwinden Anteilnahme, Einfühlung, Empathie, Hilfsbereitschaft und Zuwendung wie die seltenen Blumen auf Kunstdüngerwiesen.

Aber es ist kein Zweifel, mitten in diesem fröstelnden Klima der Isolierung und Ausgrenzung des Einzelmenschen gibt es Gegenbewegungen, Trassen mit vielen Fahrbahnen, aufbrechende Anteilnahme, Verständnis für Außenseiter, neue Sicht der Behinderten, Bewegungen, die sich weltweit der Unterdrückten und Vergessenen annehmen. Schon vor Jahrzehnten haben Futurologen auf einem ihrer Weltkongresse diese Trasse in groben Zügen entworfen und gesagt, es sei wichtiger für das Glück der Menschheit, Menschen mit Herz und Fähigkeit zur Empathie, zur Einfühlung zu erziehen, als nur auf rasanten technischen Fortschritt zu vertrauen.

Es gibt diese Straße zum Herzen hin. Ich sehe sie vor allem in der Mentalität vieler junger Menschen, mit denen ich zu tun habe. Wenn man in meinem Alter versucht (was schwierig genug ist), sich von den fast zwanghaft einsetzenden Illusionen der Vergangenheitsvergoldung freizumachen, dann muß man zugeben: Diese Generation ist vielleicht weniger robust und weniger belastbar, als es unser rauheres Geschlecht war, aber sie ist sensibler, wacher, mitfühlender, milder urteilend, verstehender und verstehensbereiter, als wir es waren. Sie haben ihre Schwierigkeiten und Probleme, die anders akzentuiert sind, als es die unseren damals waren, aber auf der Straße zur Herzlichkeit schreiten sie freier aus. Ich brauche nur daran zu denken, wie manche junge Menschen sich eines Behindertentransportes annehmen, der in unsere Stadt kam … Alle Straßen der Herzlichkeit sind Trassen nach Bethlehem. Man darf auf ihnen getrost ausschreiten.

Die Straße in Richtung Ethos

Was diese Trassenführung unserer Gesellschaft betrifft, erlaube ich mir ein wenig mitzureden. An dieser Baustelle werde ich nämlich häufig eingeladen, eine Schaufel voll für den Unterbau beizusteuern. Wenn ich meinen

Goldenes Dachl

Jahresterminkalender rasch durchblättere und zu sammeln versuche, was da an Themenwünschen geäußert wurde – von Ärzten und Sozialhelfern, Anästhesiologen und Gynäkologen, Tourismusfachleuten und Kreditinstituten, Junger Wirtschaft und Psychiatern, Alpenverein und Lions-Club, Bäuerinnen und Offiziersgesellschaft, Jungbauern und Dritte-Welt-Helfern –, bei allen kreist es fast immer um die Frage: Wo sind die tragenden Werte, die entscheidenden Ziele? Was sollen wir tun, wo sind die Grenzen, die das Menschliche wahren? Dürfen wir, was wir können? Alles zielt auf die Urfrage hin: Was ist gut?

Soweit ich mich zurückerinnern kann, ist diese Straße in Richtung Ethos noch nie mit derartiger Deutlichkeit aufgebrochen wie heute. Es scheint, daß am Ende des fortschrittlichsten aller Jahrhunderte, angesichts der ungeahnten, fast erschreckenden Möglichkeiten des Menschen das Verantwortungsbewußtsein stärker ins Blickfeld kommt. Diese Trasse gehört Gott. Und sie hat viele Fahrstreifen.

Die Straße in Richtung Schöpfung

Vor etwa dreißig Jahren hatte ich ein Schlüsselerlebnis, das ich nie vergessen werde. Ich ging daran, aus der fast unübersehbaren pädagogischen und erziehungspsychologischen Literatur eine Bibliographie zum Thema „Erziehung zur Ehrfurcht" zusammenzustellen. Ich mußte kapitulieren. Es war keine Schublade da für dieses erzieherische Anliegen. Nur in Spurenelementen fand sich das Thema da und dort verstreut. Das ist inzwischen anders geworden. Ehrfurcht vor Mensch, Schöpfung und Schöpfer ist wieder ins Zielfeld gerückt. Schon in der Sprache, dem untrüglichen Thermometer einer Zeit, ist dies zu spüren. Das einst so selbstbewußte Vokabular des Fortschritts wird nur mehr zögernd und sehr einschränkend gebraucht: Erschließung, Ausbau, Nutzung, Pioniertat, Entwicklung, Steigerung, Zuwachsrate …

Andere Worte sind statt dessen modern geworden, erhalten Öffentlichkeitsrecht, nisten auf Abgeordnetenpulten und wandern in Gesetzestexte: Behüten, Schützen, Schonen, Ruhezone, Schranke, Schutzgebiet, Umweltverträglichkeit, Umweltfreundlichkeit … Aus der verachteten Drecklacke meiner Jugend ist ein kostbares Biotop geworden, das wahre Wunder des Lebens birgt, Wunder, die für stundenfüllende Fernsehfilme reichen.

Die Straße der Ehrfurcht vor der Schöpfung ist in vollem Bau. Und es ist sicher eine Straße Gottes in der Welt von heute. Auch eine Straße zum Menschen. Sie läßt hoffen, daß Zerstören und Töten immer weniger „in" wird. In allen Bereichen.

Die Straße in Richtung Transzendenz

Das ist wohl die Straße, die Jesaja besonders am Herzen lag: jene Bahn, auf der das Menschenherz in die Ewigkeit zieht. Wie steht's mit dieser Straße in unserer Zeit?

Eines ist augenfällig: Auf der Hälfte unserer Erde ist die Staatsmacht und ihre Ideologie nun achtzig Jahre lang mit allen Bulldozern aufgefahren, um diese Straße zur Transzendenz einzuebnen. Das Unternehmen hat vielen gläubigen Menschen unsägliches Leid gebracht. Aber das Ergebnis war kläglich. Aus Kellern und Kolchosen, aus Lagern und Gulags, aus Forschungszentren und Hohen Schulen steigt der Glaube wieder auf. Jahrelang sind sie am 1. Mai an den dunklen, gesperrten oder zweckentfremdeten Kirchen vorbeigebraust, die Panzer und Raketenlafetten und die exakten Marschstiefelklopfballette mit dem dröhnenden Schritt.

Aber jetzt glimmen in den dunklen Kirchen die Kerzen auf, und Menschen drängen sich in ihnen. Die Straßen zur Transzendenz haben alle Paradeplätze und Aufmarschstraßen der Gottlosigkeit überquert und überdauert. Gott läßt sich seine Straßenbaukonzepte auch nicht von irgendwelchen Politbüros und Stasi-Zentralen streichen.

Und der Westen? Haben hier nicht die Avenuen und Prachtstraßen des Wohlstandes die Wege zu Gott überdeckt oder in enge Seitengassen abgedrängt? Manchmal scheint es so. Und doch – wie hat ein Schweizer Psychotherapeut, der seine Praxis in eben einem dieser Zentren von Business und Reichtum ausübt, einmal zu mir gesagt: „Spätestens bei jedem dritten Gespräch bin ich mitten im religiösen Problem …"

Manchmal mag die Straße zur Transzendenz in unserer Gesellschaft eine Unterflurtrasse sein, aber sie verschwindet nicht. In tausend Sehnsüchten tritt sie immer wieder hervor. In aller Welt brechen die Sucher und Wallfahrer auf, im wirklichen und im übertragenen Sinn.

Es gibt also nicht nur die girlandengeschmückten Altstadtgassen, die mit ihrem traulichen Schein eine fröhliche Weihnacht zuflüstern. Es gibt in unserer dunklen Welt auch die Straßen des Jesaja, die großen Trassen Gottes, auf denen die Menschen dem Heil zuwandern, das in der Nacht von Bethlehem auf die Erde kam …

Veröffentlicht in der Weihnachtsausgabe 1989 der Tiroler Tageszeitung sowie im Buch „Die leisen Seiten der Weihnacht".

KEINE KRIPPE FÜR DIE KATZ

Liebe Andächtige,

diese Ansprache zu Eurem großen Fest möchte ich mit einer Weihnachtsgeschichte eigener Art einleiten.

Es war im Bregenzerwald, in einem der wunderbaren Bauernhäuser, in dem ich zu Gast sein durfte. Es war um die Weihnachtszeit, und in der heimeligen Stube war neben dem Christbaum eine große Krippe aufgestellt. Alles atmete festliche Feierlichkeit.

Im Haus lebte auch ein behäbiger Kater, der die Wärme liebte und immer auf der Suche nach exquisiten Ruheplätzen war, wie das Kater so an sich haben.

Es gelang ihm auch, am Abend in die Stube zu schleichen, die an sich nicht als sein Nachtquartier vorgesehen war. Auf der Suche nach einem besonders angenehmen Schlafplatz stieß er auf den Stall von Bethlehem. Kurzerhand räumte er die Heilige Familie, einen danebenstehenden Engel sowie Ochs und Esel hinaus und rollte sich dann an heiliger Stätte wohlig zusammen.

Als man am Morgen in die Stube trat, erkannte man den Frevel. Aus dem Hirtenstall blinzelte der faule Kater, und über ihm hielten die Engel mit verzückten Gesichtern das Band „Ehre sei Gott in der Höhe". Sie hatten nämlich die wesentliche Veränderung zu ihren Füßen noch nicht mitbekommen.

Natürlich wurde der Kater hinausgejagt, erhielt für die restliche Weihnachtszeit striktes Stubenverbot; und im Übrigen hat man über dieses einmalige Krippenspiel viel gelacht.

Aber wenn ich über diese Geschichte länger nachdenke, ist sie doch ein kleines Verweilen wert, und zwar auch zu dieser Stunde und zu diesem Fest. Ihr feiert ja die Krippe, die Schönheit und den inneren Wert dieses Brauches, der so tief im Tiroler Volk verankert ist.

Die Frage ist aber, ob sich nicht auch bei unseren Krippen heimlich fette Kater einschleichen könnten, die das Heilige ausräumen und sich dann breit in die Mitte legen …

Die Frage ist, ob nicht auch unsere Krippen, die uns an sich viel bedeuten, für die Katz sein könnten.

Also wollen wir einmal ein wenig Umschau halten nach Katern, die durch unser Dorf und die Wohnungen schleichen und aus den Ställen von Bethlehem das Wunder aller Wunder ausräumen möchten, um sich selbst breit und bequem in die Mitte zu legen.

Ein besonders zutraulich schnurrendes Exemplar, das in so manchen Häusern Eingang findet, ist

die religiöse Oberflächlichkeit.

Sie hält es mit ein paar verblassten Traditionen, dem einen oder anderen aufrechterhaltenen Brauchtum – aber das alles nimmt man eigentlich nicht ernst. Von der Substanz des Glaubens bleibt nicht viel übrig. Man stellt eine Krippe auf, weil sie zum Haus gehört wie das festliche Kaffeegeschirr oder die überlieferten Glaskugeln am Baum. Eigentlich ist die Krippe nur eine jahreszeitlich bedingte Dekoration. Man kommt bei ihrem Anblick gar nicht auf den Gedanken, aus irgendeinem verborgenen Winkel des Herzens einen Dank dafür aufsteigen zu lassen, dass es Gott so gut mit uns meint. Und damit wird die Krippe ein Brauch für die Katz …

Ein anderer Katertyp wäre der grantige, missgelaunte, bei dem man immer Angst haben muss, dass man beim Streicheln einen Hacker abbekommt. Ich meine mit diesem Kater den Dauerstreit, den Familienzwist, die wachsende Entfremdung,

den Unfrieden.

Die Glorienengel, die wochenlang, die ganze Weihnachtszeit hindurch das Transparent mit „Friede den Menschen auf Erden" halten, müssen sich doch so frustriert vorkommen wie eine Anti-Atom-Demonstration in Tschernobyl, wenn im Haus Hass und Streit herr-

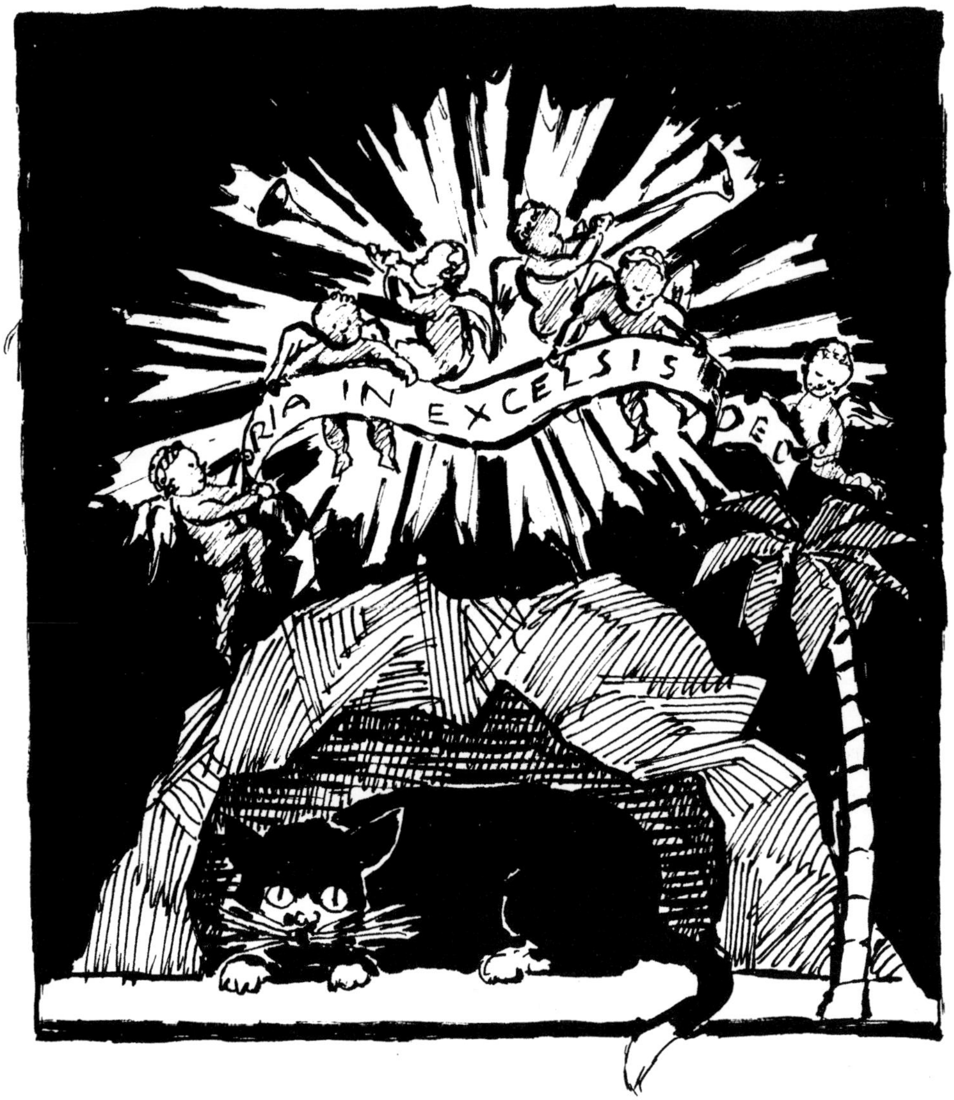
RIA IN EXCELSIS
DE

schen. In diesem Falle hätte sich also ein alter rheumatischer Kater in der Mitte eingerollt, der nach allen Seiten Hiebe austeilt. Und da könnte die Krippe noch so schön sein, sie wär' doch wieder für die Katz.

Denn die schönste Krippenbeleuchtung ist ein gewisser Friede im Haus, ein Aufeinander-Zugehen und ein gegenseitiges Wohlwollen.

Vor einem anderen Katertyp möchte ich auch noch warnen. Er ist fett und selbstbewusst, und unser Zeitalter züchtet ihn mit Vorliebe. Er kann bei uns sehr leicht den Platz in der Seele einnehmen, der eigentlich dem Höchsten und dem Heiligsten vorbehalten wäre: Er symbolisiert
das Wohlstandsdenken,
das Nur-mehr-haben-Wollen, das Kreisen aller Gedanken um den materiellen Besitz. Diese Katerart vermag die Krippe besonders gründlich auszuräumen. Da wird die kostbare alte Barockkrippe nur mehr zum Statussymbol und zur Geldanlage, und jede Papierkrippe, die sich ein Erstklassler selber baut, ist zehnmal mehr wert. In ihr hat der fette, große Kater gar keinen Platz. Diesem Repräsentanten der Sattheit und des Fressnapfs sollten wir striktes Stubenverbot geben. Die Krippe ist nämlich kein Symbol des Habens, sondern des Schenkens. Der Himmel schenkt sich um Weihnachten der Erde, und die Hirten und Weisen bringen die Geschenke der Erde dem Himmel.

Es gäbe wahrscheinlich noch ein paar Arten von Katern, auf die man aufpassen müsste – aber wir wollen's bei diesen bewenden lassen. Nehmen wir uns heute, am Fest hundertjähriger Krippenfreude in diesem Dorf, doch fest vor, dafür zu sorgen, dass unsere schönen und berühmten Krippen niemals „Krippen für die Katz" werden.

Aus der Predigt zum hundertjährigen Bestand des Krippenvereins in einem Tiroler Dorf; veröffentlicht 1991 in „Heiter-besinnlich unter dem Krummstab".

EIN SINGEN GEHT ÜBER DIE ERDE

Vielleicht klingt dieser Satz in manchen Ohren wie eine Provokation. Ein Singen über dieser Erde? Riecht das nicht wie ein frommes Deodorant, das die Gerüche einer faulen Welt für ein paar Stunden überlagern soll? Oder wirkt das nicht wie ein dünner, poetischer Rosaanstrich, den man über die rissige, hässliche Wand der Wirklichkeit pinselt? Klingt das nicht wie ein deplaziertes Violinkonzert in einem trostlosen Hinterhof, zwischen Gerümpel, Abfalltonnen und Küchengeruch?

Was singt schon über diese Erde?

Was singt denn über die vertrockneten Steppen der Sahelzone, über die Flüchtlingslager und über die Favelas Südamerikas, über das wachsende Elend und die unzähligen ungelösten Probleme dieser unserer Erde, über die düsteren Fanatismen, die Giftgaswolken und das Kinderweinen?

Was singt denn in den vielen Menschen, die an der Verdüsterung der Seele leiden, bis hinein in die Bedrückung der Verlassenheit und der Isolation? Es gibt in unserer Zeit doch auch so etwas wie eine Aids-Krankheit des Geistes, ein Schwinden der Resistenz gegen alle schädlichen Viren, die die Kraft des Herzens schwächen – und keiner ist gegen die Depression, die Seuche der Epoche, gefeit.

Was singt denn in einer Frau, die mit dem Kind allein gelassen wurde, weil eine andere attraktiver war, und die sich nun durchs Leben schlagen muss, mit dem Trauma einer zerbrochenen Beziehung und der Last der Verantwortung und dem ganzen Handicap einer Alleinerziehenden? Ist es nicht so, dass ich selbst oft genug hilflos und verstummend vor solchen Schicksalen stehe? Was singt denn schon in der Intensivstation der Klinik, in der der Fünfzehnjährige mit der Querschnittlähmung und das Mädchen mit dem Gehirntumor liegen und wo der nächste Hubschrauber die nächste menschliche Tragödie bringt?

Was singt schon über diese Erde?

Das Grödner Joch

Aber es war gerade in besagter Intensivstation, wo mir ein junger, sehr tüchtiger Krankenpfleger zwischen den flinken, gekonnten Handreichungen einer ruhigen Minute gesagt hat: „Wissen Sie, wenn ich das erlebe, wie ein Menschenleben sich neigt, dann erinnert mich das an das Kreuz, und wenn ich sehen darf, wie ein Todkranker gesund wird, dann ist das für mich wie ein Vorspiel der Auferstehung …" Ich gestehe, dass ich von diesem kühnen Wort eines jungen Menschen, der wahrhaftig genug von den Schattenseiten des Daseins zu sehen kriegt, tief betroffen war. Eigentlich verdanke ich es ihm, dass ich hier diese Schlagzeile wage: Ein Singen geht über die Erde … Denn er hat genau das ausgesprochen, was eigentlich auch hinter den befreienden Taten und tröstlichen Zeichen Christi aufblitzt und leuchtet. Der Herr hat ja nicht einfach seine Zeit und seine Gesellschaft von allen drückenden Problemen befreit. Er hat weder das menschliche Gebrechen noch das soziale Elend seiner Tage einfach weggewischt. Aber wenn er über blinde Augen gestrichen, wenn er taube Ohren berührt und die Hand über Aussätzige ausgestreckt hat, wenn er ein Begräbnis in einen Freudenzug umgewandelt oder einen Menschen von dunklen Mächten befreit hat, dann wollte er über die augenblickliche (und vergängliche) Erleichterung hinaus ein Zeichen für Größeres und Unvergängliches setzen. Er wollte sagen: Das eigentliche Schauen, das eigentliche Hören, die eigentliche Gesundheit, das eigentliche Leben und die eigentliche Freiheit der Seele kommt erst. Alles Tun Christi geschieht in Blickrichtung Auferstehung.

Und so wäre der Satz vom heimlichen Singen über dieser Erde zu verstehen. Wir sollten, wenn wir uns zum Glauben an diesen Christus durchringen, in uns ein österliches Schauen, Hören und Fühlen der Weltwirklichkeit entfalten. Irgendwo und irgendwann fällt doch bei jedem der Sonnenstrahl durch die Gardinen, auch wenn die Vorhänge oft schwer und dunkel herunterhängen. Irgendwo und irgendwann vernimmt doch jeder mitten im Gekreisch und Lärm der Tage eine leise Melodie des Guten und Hellen im Hintergrund. Ein Singen geht über die Erde …

Schon im Entfalten der Natur liegt ein Stimmen der Instrumente in Richtung Auferstehungssymphonie. Das gilt auch für die Meise, die sich vom Hofgarten herüber an mein Fenster verirrt und ein paar fröhliche Pfiffe ablässt. Und es geht ein Singen über die Erde, wenn die Sonne von Osten her durch die Talnebel bricht.

Aber dieses Singen umgreift auch weniger lyrische Augenblicke. Wenn man zum Beispiel spürt, dass sich bei Menschen Vorurteile auflösen, Barrikaden auf den Straßen des Herzens abgeräumt werden, die früher alles Verstehen und jedes Zueinander abgeblockt haben, oder wenn ein gestörtes Kind in einem geduldigen und behutsamen Menschen neuen Halt findet und ein gewisses Vertrauen aufblüht und es schließlich wider alles Erwarten sogar am Lernen Gefallen hat, weil jemand da ist, dem zuliebe es etwas tun kann – dann ist ein solches Ereignis wirklich ein Singen über dem Alltag, wie mir eine glückliche junge Lehrerin gestanden hat, und es wiegt mehr als ein Händel-Alleluja auf der Schallplatte.

Und geht nicht auch ein Singen über die Erde, wenn ein Betreuer erlebt, dass dem ins Sandeln abgetrudelten jungen Menschen doch noch der Start ins Leben gelingt und der Arbeitgeber die Einstellung des Sorgenkindes nicht bereut?

Geht nicht ein Singen durch mein Zimmer, stärker als alle Weisen des Frühlings draußen, wenn mir beim Öffnen der Post der Brief einer Rentnerin in die Hand fällt, die sich mit ihren bescheidenen Möglichkeiten am Werk der Resozialisation von ehemaligen Strafgefangenen beteiligen möchte?

Es liegen auch in unserer belasteten Zeit so viele verheißungsvolle Melodien in der Luft, aber wir haben sozusagen zu wenig österliche Antennen im Gemüt, Gott sei's geklagt, auch in der Kirche, und darum schleichen wir zum Takt von müden Trauermärschen und den Trommeln der Empörung durch unsere Tage, mit den lauten Tschinellen der Anklage gegen Gott und Welt und die verheerenden Zustände und der dumpfen Pauke der permanenten moralischen Entrüstung über andere – der verdächtigsten Weise auf der Straße des Lebens. Hie und da braucht es sicher den Schlag des Zorns auf die Pauke, hie und da verlangt die Impertinenz des Bösen, dass „unsere Stirn hart wie Kiesel wird", wie es Jesaja einmal gesagt hat, aber die Gewitterwolke kann nicht das Dauerklima einer Menschenseele sein, die an die Auferstehung glaubt. Das Gute spielt in dieser Welt seinen Part meist piano oder pianissimo, und es gehört zur Lebenskunst, es nicht zu überhören. Wer diese Kunst beherrscht, hat die Musikalität der Heiligen.

Am verhaltensten wird dieses Singen über der Erde, wenn es in der Tiefe des eigenen Herzens, im verschwiegenen Zentrum der Persönlichkeit aufblüht. Und das geschieht dann, wenn uns das schwierigste Steuermanöver der Lebensfahrt gelingt, das Wenden auf der engen Straße des Ego und den tiefen Fahrrillen eingelaufener Gewohnheit: Wenn wir eine Umkehr fertigbringen, eine Änderung der Einstellungen und wir uns als Betroffene und Beschämte zum verzeihenden Gott hin aufmachen. Es ist das eindrucksvollste Vorspiel zur Auferstehung. Hat Christus nicht selbst gesagt, dass das große Konzert im Himmel begänne, wenn ein Sünder umkehrt? Nach diesem Wort des Herrn wird so manches ehrliche Gespräch, manches leise Flüstern im Beichtstuhl, mancher schwierige Neubeginn den Einsatz für das große Singen über Zeit und Ewigkeit geben …

Die große Auferstehung am Ende der Tage hat also viele Präludien. Zugegeben, es sind nur vorbeihuschende Lichtpunkte in der Dunkelheit, aber wir sollten diese Lichtpunkte eben zu einer Reflektorenreihe ordnen, die am Straßenrand aufblitzt und hinführt zur großen Verheißung.

Der Sohn Gottes hat mit seinem leisen Schritt durch den schweren Rollstein, das Symbol des unerbittlichen Todes, endgültig diese Straße der Verheißung eröffnet. Die Chance hat eindeutig das Leben, nicht der Tod. Und darum geht ein Singen über die Erde, trotz allem.

Veröffentlicht in der Osterausgabe 1988 der Tiroler Tageszeitung sowie im Buch „Ein Singen geht über die Erde".

Erinnerungen und Begegnungen

KINDERTHEATER

Es ist doch merkwürdig – wenn ich die Erinnerungen ganz weit zurückschweifen lasse, landen sie beim Theatervorhang des Kindergartens. Der Theaternachmittag war immer eine große Sache. Und der rote Vorhang, der im bereits dunklen Saal nur von unten her beleuchtet war und hinter dem man ein aufgeregtes Getuschel, manchmal unterbrochen von einem energischen „Pssst!" der Kindergartenschwester hörte, vermittelte Spannung. Beim Glockenzeichen steigerte sich die Erwartung noch mehr – und dann begann sich der Vorhang zu raffen. Schwester Roberta zog an den Leinen.

Ich muss ein wenig abschweifen und bei diesem Kindergartentheatervorhang stehen bleiben. Ein sich öffnender Vorhang ist doch ein schönes Symbol für den Vorhang des Lebens, das sich mit all seinen Wundern einem Kind erschließt, voll Neugier, Spannung, Träumen und Hoffnungen. Und so möchte ich diesen roten Vorhang auch als Leitmotiv für dieses kleine Buch verwenden. Ich öffne ihn für ein paar Szenen meines sich nun neigenden Lebens, für Komödie und Tragödie, Ängste und Heiteres, Dramen und Sketches. Vielleicht kann sich das persönlich und privat Erlebte da und dort zu einer allgemein gültigen Erfahrung verdichten – vor allem in der einen Erkenntnis, die mir immer mehr zu Bewusstsein gekommen ist: dass hinter allem ein Großer, Gütiger Regie geführt hat und immer noch tätig ist. Er ist ein zurückhaltender, weiser Regisseur, kein Puppenspieler der die Menschen wie willenlose Figuren tanzen lässt, sondern ein behutsamer Theaterleiter, der auf der Bühne der Individualität und der Freiheit der Akteure Raum lässt. Manchmal tritt er so weit zurück, dass man meinen könnte, die Zügel der Aufführung seien ihm entglitten und auf der Bühne der Geschichte herrschten chaotische Zustände. Aber das scheint nur so. Er bleibt hinter den Kulissen der vordergründigen Realität durchaus Herr der Lage.

Ganz am Schluss, wenn über alle Schicksale und Ereignisse der letzte Vorhang gefallen sein wird – dann wird der geheimnisvolle Regisseur hervortreten und es wird einen tosenden Beifall durch das ganze Universum geben. Die Theologen haben diesen universalen Applaus die „Gloria Dei" genannt. Er wird so überwältigend sein, weil in allem die Liebe gesiegt haben wird.

Vor diesem Vertrauen erweckenden Rundhorizont wage ich in diesem Buch das „Vorhang auf" für ein paar bunte Szenen aus meinem kleinen unbedeutenden Leben.

Und damit zurück zum Kindertheatervorhang, hinter dem damals ein paar fromme Barmherzige Schwestern Regie geführt haben. Sie waren vom besten Willen beseelt, mit ergreifenden Szenen Schauspieler und Publikum zu erschüttern – was nicht immer gelang. Es ist ja bekannt, dass sich das Lächerliche sehr oft zum Erhabenen gesellt. So geschehen beim Stück „Der Tod des heiligen Aloisius". Der Herr Pfarrer hieß nämlich Alois und das Theaterstück des Kindergartens wurde zu seinem Namenstag aufgeführt.

Das fünfjährige Pfeifhofer-Tonele lag als heiliger Aloisius im Bett und rang mit dem Tod. Zwei Freunde kamen auf Besuch, der Walter und das Loisele betraten das Krankenzimmer und blieben betroffen stehen. „Ich glaube, er wird bald sterben", deklamierte das Loisele ohne besondere Gefühlsbewegung. „Ich glaube auch", sekundierte der Walter im gleichen Tonfall. Damit war der Dialog in dieser Szene beendet, der Rest war Handlung. Hinter dem Sterbebett war eine Stoffwand, über der das Nannele und die Stefanie als zwei kleine Engel mit Flügeln erschienen – ganz ähnlich wie auf dem berühmten Gemälde von Raffael. Aloisius hauchte also seine Seele aus. Sterbend hob er ein wenig die Bettdecke und seine Seele kam in Form einer ausgestopften Taube hervor und schwebte himmelwärts, weil die beiden Engel an einem unsichtbaren, dünnen Draht zogen. An sich war das sehr feierlich. Der sterbende Aloisius blinzelte der Seele nach …

Aber dann kam das Verhängnis im wahrsten Sinn des Wortes. An einem Haken, der in der Mitte des Paravents war, verhängte sich die Seele des Heiligen. Die Engel zogen und rissen, die Taube ließ ein paar Federn, aber die Seele des Aloisius wollte partout nicht in den Himmel. Da war nichts zu machen.

„Schwester Roberta, es geaht nit!", rief der Engel Nannele weinerlich in reinem Innsbruckerisch, das Burgtheaterdeutsch unter dem Eindruck dieses Schocks vergessend. Darauf tauchte hinter den beiden Engeln die gestärkte Haube der Kindergartenschwester auf, die als rettender Engel zur Taube hinuntergriff und die Seele des heiligen Aloisius endgültig in die ewige Seligkeit holte. Dieses ergreifende Heilsgeschehen wurde auf Erden vom Publikum mit einem unterdrückten Gekicher begleitet. Der Vorhang fiel. Der heilige Aloisius genoss nach diesen Aufregungen mit seinen beiden Freunden und den Engeln im Künstlerzimmer den wohlverdienten Himbeersaft. Das Sterben ist eben auch bei Heiligen nicht leicht.

Von besonderer Feierlichkeit war natürlich das Weihnachtsspiel. Vor dem Heiligen Abend musste man im Kindergarten nicht um die rechte Stimmung besorgt sein. Besonders bewegend war das Hirtenfeld von Bethlehem, über dem sich der Vorhang öffnete. Die Hirten lagen wegen der kalten Nacht dicht gedrängt rund um ein verglimmendes Feuer, mit Taschenlampenglut unter ein paar Holzscheiten eindrucksvoll inszeniert, indes die Schwester hinter den Kulissen mit einer grün verhängten Tischlampe ein zartes Mondlicht über die Szene zauberte. Alles wartete auf das Auftreten des Verkündigungsengels.

Da ertönte plötzlich ein fürchterliches Geheul. Es kam daher, weil der Hirt Seppi den Hirten Franzi aus Übermut in den Hintern gebissen hatte. Auch wenn man davon ausgehen kann, dass die Wanderhirten von Bethlehem einer sehr niederen sozialen Schicht entstammten und nicht besonders kultiviert waren, war doch diese Einlage in der biblischen Vorlage der Aufführung nicht vorgesehen. Der Vorhang fiel über dem Theaterskandal und der Übeltäter wurde aus dem Ensemble entfernt. Als sich der Tumult gelegt hatte, öffnete sich wieder der Vorhang, die Engel erschienen und das „Gloria in excelsis Deo" ging klaglos über die Bühne.

Mein eigener erster Theaterauftritt war ein Fiasko. In der ersten Klasse der Bubenvolksschule wollte unser guter Lehrer eine Darstellung des Märchens Rotkäppchen auf dem Podium vor der Tafel inszenieren. Er machte allerdings einen gravierenden Fehlgriff in der Besetzung. Er wählte mich als Rotkäppchen! Ich empfand diese Frauenrolle als zutiefst entwürdigend. Zu Hause, bei unseren Glasbalkontheatern, war ich ein Ritter, ein Räuber, ein König oder ein Siegfried oder eben irgendetwas Imponierendes mit Pappendeckelschild und Holzschwert – und nun dieses Engagement als Rotkäppchen! Der Herr Lehrer drückte mir ein Körbchen in die Hand und setzte mir ein rotes Käppchen auf. Ich war beleidigt. (Wahrscheinlich war dieses frühkindliche Trauma mit dem roten Käppchen daran schuld, dass ich mich später vor der Bischofsernennung so lange gegen eine ähnliche Ausstaffierung gewehrt habe.) Ich stand also mit Käppchen und Körbchen verstört an der Klassenzimmertür, während ein anderer Schüler unter das Lehrerpult kroch und sich dort als Wolf verbarg.

„Du musst jetzt hinübergehen zum Pult, wo der Wolf versteckt ist", ermunterte mich der Lehrer. Aber ich folgte dieser Regieanweisung nicht. „Nein", sagte ich patzig, „so blöd bin ich nicht"!

Damit war das Märchenspiel geplatzt. Wie will man schon Theater spielen, wenn sich Hauptdarsteller mit der Rolle partout nicht identifizieren? Mein guter Lehrer konnte meiner Mutter gegenüber im Gespräch seine Enttäuschung nicht verbergen. Aber mein Vater hatte für mich Verständnis. Es gab keine häusliche Ermahnung. Und damit war die Sache erledigt. Denn mein Vater war der Landesschulinspektor.

Veröffentlicht 2003 in „Augenblicke".

KLEINES WORT MIT LANGZEITWIRKUNG

Die Sache begann mit der Feststellung meiner Mutter, dass zu Hause zu viel Krach sei. Man betrachtete mich anscheinend als entscheidenden Verursacher dieser Lärmbelästigung. Ich war im September noch nicht sechs. Aber meine Mutter hielt es für gut, wenn ich in die Schule käme, obwohl ich das vorgeschriebene Mindestalter noch nicht erreicht hatte. Sie sagte daher zu meinem Vater, dass er das in Ordnung bringen solle. Mein Vater war für derartige Gesuche im Land zuständig.

„Aber", sagte er zu meiner Mutter, „die Sache ist nicht so einfach. Man darf in meiner Stellung auch nicht den Anschein einer familiären Begünstigung zeigen. Wenn du also für dein Kind eine Altersdispens haben willst, musst du als Erziehungsberechtigte ein entsprechendes Gesuch beim Landesschulrat abgeben. Mein Büro ist in der Hofburg, im 2. Stock – du weißt ja. Parteienverkehr Montag ab neun Uhr …"

So ging meine Mutter mit einem schriftlichen Gesuch wegen meines vorzeitigen Schulbesuchs zu meinem Vater ins Amt, der bei ihrem Eintreffen sofort alle Kollegen ins Zimmer rief, weil, wie er sagte, es für ihn eine besondere Feierlichkeit sei, dass seine Frau bei ihm um etwas schriftlich ansuchen müsse. So wurde mein früherer Schulbesuch unter allgemeinem Gelächter genehmigt.

Als der erste Schultag näher rückte, kam es zu folgender kleinen Episode, an die ich mich noch so oft erinnern sollte. Ich kann heute noch ganz genau den Platz zeigen: Es war vor der Hofburg gegenüber dem Landestheater, mit dem Blick auf die Hofkirche, also sozusagen im kulturellen Herzstück Innsbrucks. Die Mutter sagte zu mir: „Du kommst jetzt in die Schule. Und du wirst in deiner Klasse eine Menge Schulkameraden haben, die einen etwas anderen Glauben haben als wir. Aber merk dir eines: Man darf nie etwas sagen, was den anderen wehtut …"

Wenn man mich fragen wollte, welche Erfahrungen in meinem Leben am meisten Einfluss zu Gunsten einer Haltung der Toleranz gehabt hätten, käme mir vieles in den Sinn: Persönlichkeiten mit einer Weite des Geistes, Bücher und theologische Vorlesungen, abstoßende Negativbeispiele von Intoleranz, primitive Vorurteile mit historisch verheerenden Folgen, die leuchtende Gestalt eines gütigen Papstes wie Johannes XXIII. – aber ich glaube, dass nichts so wichtig war wie dieses kleine Wort an den Fünfjährigen.

Vielleicht hat es sich auch so eingeprägt, weil ich bald darauf dagegen verstoßen habe. Ich hatte einen langen Schulweg, den ich immer mit Walter, dem Sohn eines Universitätsprofessors, zurücklegte. Walter war evangelisch. Irgendwann kamen wir zwei Erstklassler zum Streiten. Ich weiß den Anlass nicht mehr. Aber ich weiß genau den Baum in der Allee am Inn, wo ich voll Wut zu ihm gesagt habe: „Und überhaupt – unsere Religion ist viel älter als die eure!" Und da ist mein Schulfreund stehen geblieben und hat mich ganz entsetzt angeschaut. Mir ist blitzartig die Ermahnung der Mutter in den Sinn gekommen. Und ich habe mich sehr geschämt. Genau davor hatte sie mich gewarnt: „Du darfst nie etwas sagen, was den anderen wehtut …"

Wenn ich daran zurückdenke, wird mir eigentlich klar, dass damals – im Jahre 1927 – die Einstellung meiner Eltern in katholischen Kreisen nicht ganz selbstverständlich war. Meine Mutter kannte die evangelische Mutter Walters und hat von deren echter Frömmigkeit immer mit Hochachtung gesprochen. Ich habe in meiner Kindheit nie ein böses Wort gegen die Juden gehört – aber sehr oft den Hinweis, dass bekannte jüdische Geschäftsleute ihre Angestellten bedeutend christlicher behandelten als manche so genannte christliche. Selbstverständlich habe ich als Volksschüler keine Hintergründe begriffen. Aber für mich ist dieses unvergessliche Wort meiner Mutter ein Hinweis, dass jede echte Toleranz (und jede echte Gläubigkeit) eigentlich mit dem beginnt, was man Herzensbildung nennt, mit einem Fühlen für andere, einem Gespür für Rücksichtsvolles und Verletzendes. Wenn diese emotionale

Hofgarten in Innsbruck

Grundlegung nicht da ist, nützt unter Umständen ein noch so intensiver intellektueller Überbau nicht viel.

Wir sind dann in die intoleranteste Phase Europas hineingeworfen worden, in ganze Ströme von Propaganda, Vorurteilen, Missachtung des Menschlichen und Brutalität. Ich habe erlebt, wie eine schreiende Horde von Hitlerjungen hinter einem weinenden zehnjährigen Mädchen hergelaufen ist und immer wieder gebrüllt hat: „Saujüdin, Saujüdin". Ich weiß noch, wie man in der Kristallnacht den lieben alten Juden Diamant in einem Nachbarhaus über das Stiegenhaus hinuntergeschlagen hat, dass am nächsten Tag Blutspuren an der Wand waren. Bei den Tätern waren auch Akademiker beteiligt.

Später habe ich noch einmal mit dem christlichen Antisemitismus zu tun bekommen. Aber das Wort der Mutter an den Abc-Schützen ist durch alle diese Zeitläufe erhalten geblieben und hat immer mehr an Leuchtkraft gewonnen.

Wenn ich es hier niederschreibe, dann tue ich es auch in der Hoffnung, dass man in der Formung eines kindlichen Gemüts wirklich Spuren mit Langzeitwirkung legen kann. Die oft geforderte und zitierte Toleranz muss im Frühbeet gesät werden. Heute steht es besser mit dieser Tugend als seinerzeit. Aber wenn ich mir manchmal anschaue, mit welcher Rücksichtslosigkeit hie und da religiöse Gefühle anderer Menschen in Bereichen verletzt werden, die sich als Kultur bezeichnen, dann denke ich mir – na ja, die Kinderstube hat gefehlt.

In einer Welt, in der die Bildung des Gemüts zu Gunsten aller möglichen Fähigkeiten und Künste zurückgeht, ist immer wieder die Gefahr gegeben, dass der Drache der Intoleranz in immer neuen Gestalten ausbricht. Der grassierende Verlust der Intimität, die mediengeile Missachtung der Sphäre, die einem Menschen wertvoll und heilig ist, die Aufdringlichkeit der hoch bezahlten Paparazzi, das Schwinden der Empathie, die Unfähigkeit zur Einfühlung – all das können Bausteine für die Intoleranzwellen von morgen sein. Dagegen müsste es Eltern geben, die ihren Kindern im rechten Augenblick sagen: „Du hast Schul-

und Spielkameraden, die einen anderen Glauben haben. Aber man darf nie etwas sagen, was den andern wehtut …"

Veröffentlicht 2003 in „Augenblicke".

EINE SPUKGESCHICHTE

Es gibt oft kleine Erlebnisse, die für den, der davon betroffen ist, eine geradezu zeichenhafte, symbolträchtige Bedeutung haben. Spukgeschichten graben sich besonders tief in die Erinnerung ein. Und außerdem sind sie modern. Fast jeden Abend huschen unheimliche Begebenheiten, rätselhafte Fälle, Begegnungen der dritten Art mit Außerirdischen und Horrortrips über die Bildschirme. In dieser Spukgeschichte ist allerdings nicht viel zum Gruseln. Sie reicht in meine eigene Kindheit zurück.

Auf der Seite nebenan sehen Sie die Skizze einer Kirchenfassade. Sie ist zwar schlicht, gehört aber doch zu einer berühmten Kirche. Es handelt sich um die Hofkirche in Innsbruck, die das Grabmal Kaiser Maximilians birgt (worin er allerdings nicht begraben liegt). Weil dieses von den imponierenden Erzstandbildern seiner wirklichen und eingebildeten Vorfahren umgeben ist, nennen die Tiroler diese Kirche „Schwarzmanderkirche". Da in ihr auch noch die Gebeine Andreas Hofers und seiner Mitstreiter ruhen, sind alle Voraussetzungen für ein nationales Heiligtum gegeben – und so gehört die Hofkirche in Innsbruck zum Pflichtprogramm jedes Innsbruck-Besuchers.

Die drei Gestalten vor der Kirche stellen mich und meine zwei Brüder dar. Wir haben uns dieser Kirche nicht als Touristen genähert, sondern Tag für Tag auf unserem Schulweg. Immer wieder sind wir am Morgen durch die lange Allee des Rennwegs auf sie zugegangen und haben dabei eine grundlegende kunsthistorische Entdeckung gemacht, die meines Wissens bis heute allen Wissenschaftlern und Kirchenbaufachleuten entgangen ist. Diese Leute wissen einfach zuviel und verlieren sich daher sofort ins Detail. Sie schwärmen über das herrliche Renaissanceportal (eines der schönsten nördlich der Alpen), aber sie erfassen eben nicht die Gesamtgestalt der Architektur, so wie Meteorologen nie daran denken, was für wunderbare Tiere und Gestalten die

Wolken bilden. Kinder haben für dieses Gestaltsehen einen besseren Blick. Und so haben wir damals festgestellt, dass diese Fassade das Bild einer *schreienden Klosterfrau* bietet. Sie können sich an Hand der Skizze oder in natura selbst überzeugen – es ist alles da: die gestärkte Haube in der Dachform, die Augen, die Nase und der große Mund.

Da wir drei einen schwesterlich geführten Kindergarten hinter uns hatten, war die Assoziation naheliegend. Wir hatten allerdings unsere gute Schwester Roberta selten schreien gesehen. Gerade deshalb erhielt die Nordfront der Hofkirche zu Innsbruck für uns etwas Aggressiv-Abweisendes, ja Bedrohliches – und doch wieder Komisches.

Ich möchte hier gleich einfügen, dass man sich von Fassaden nicht zu sehr beeindrucken lassen soll – weder bei der Kirche als Bauwerk noch bei der Kirche als Institution. Ich könnte mir ja denken, daß für manche enttäuschte Christen die Fassade der Kirche heute oft wenig Anziehendes hat. Vielleicht sehen sie auch einen zu starren Blick und einen zu oft scheltenden Mund und ein bißchen zuviel moralische Entrüstung. Aber man soll sich von derartigen Eindrücken nicht abhalten lassen, in die Kirche einzutreten. Sie birgt auch heute die unvergänglichen Schätze.

Wir haben uns damals vom befremdlichen Äußeren nicht abhalten lassen, in diese Hofkirche einzutreten. Wir wurden darin sogar für viele Jahre Ministranten. Damit verlassen wir den Blick auf die Fassade. Ich muss nur ersuchen, die Nase der ehrwürdigen Klosterfrau in Erinnerung zu behalten. Sie spielt im weiteren Verlauf der Geschichte eine bedeutende Rolle.

Der Ministrantendienst bei den Franziskanern war ein ausgesprochen idealistisches Unternehmen. Wir haben freiwillig jeden Wochentag um 6 Uhr morgens und sonntags um 7 Uhr ministriert. Wir erhielten – abgesehen von der herzlichen Atmosphäre der Franziskaner – als Lohn dafür das Frühstück, bestehend aus Brot und Kaffee. Der letztere hatte es in sich. Auch als wir später in ein kritischeres Alter kamen, ist es uns nie gelungen, die Bestandteile dieses Kaffees zu erraten. Wir schwankten zwischen ausgekochten Kutten und Maikäferflügeln,

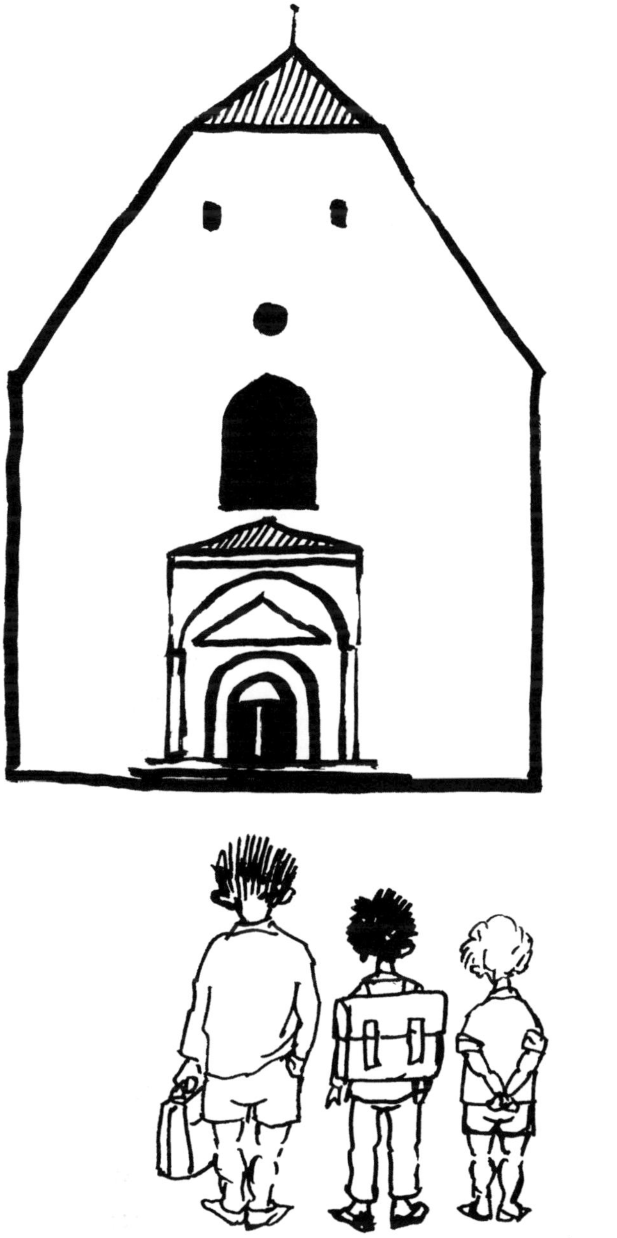

aber wir haben ihn tapfer geschlürft und freuten uns auf die Festtage, an denen der Koch mittels einer uns unbekannten technischen Vorrichtung einige echte Bohnen durch die Brühe schoss. Trotz allem hielten wir aber der Firma des hl. Franziskus in der Hofkirche die Treue, auch wenn wir uns darüber klar waren, dass der zweihundert Meter östlich ausgeschenkte Jesuitenkaffee qualitativ besser war.

Zum Ausgleich für diese schmalen Genüsse bot aber die Hofkirche Romantik und Abwechslung. Alle großen Veranstaltungen des Landes fanden in oder vor ihr statt – und so konnten wir die Größen der Epoche immer aus nächster Nähe bewundern. Ein besonderes Vergnügen war das Glockenläuten, das damals noch von Hand geschah. Die ganz große Glocke wurde droben im Glockengestühl des Turms geläutet. Es ging dort leichter als mit den langen Seilen von der Glockenstube aus. Das Läuten hoch über den Dächern und Gassen der Innsbrucker Altstadt war ein unvergeßliches Erlebnis, bei dem man einfach gewisse Überlegenheitsgefühle bekommen musste. Es geschah dies bei bestimmten festlichen Anlässen wie Frühjahrsparaden des Bundesheeres, patriotischen Feiern, Schützen- und Musikfesten und ähnlichem. Dann war der ganze Rennweg dichtgedrängt mit Zuschauern. Auch vor dem Nordportal der Kirche stand die Menge Kopf an Kopf.

Und hier begann nun die Nase der besagten Klosterfrau eine wichtige Rolle zu spielen. Man konnte zu ihr durch eine längere Turnerei über den gewaltigen Dachstuhl gelangen, der aus mächtigen, vierhundert Jahre alten Lärchenstämmen gezimmert ist. Von der Nase, einem runden Loch in der meterdicken Mauer, hatte man einen prächtigen Ausblick über den ganzen Festplatz. Es muss mit dem verständlichen übermütigen Erhabenheitsgefühl und dem Bewusstsein absoluter Unangreifbarkeit zusammengehängt haben, dass einer auf die Idee kam, auf die wogende Masse hemmungslos hinunterzuspucken. Es konnten maximal zwei nebeneinander im besagten Nasenloch liegen, die anderen mussten warten. Das war aber auch gut so, weil dieser Sport nicht nur ständiges Kräftesammeln, sondern auch Materialsammlung braucht.

Das Gefühl des Spuckendürfens war jedenfalls sehr schön. Man bekam eine Ahnung davon, wie wichtig es ist, über der Masse zu stehen. Man muss ja bedenken, dass wir uns damals den größten Teil unserer Spiele selbst erfinden mussten. Heute sitzen sie vor den blöden Videospielen, bei denen man die Gegner abschießt. Wir haben niemanden vernichtet oder abgeschossen. Wir haben nur ein bisschen gespuckt. Damit war dem unbedingt notwendigen Aggressionsabbau Genüge getan. Dann haben wir uns wieder ins Heiligtum zurückgezogen und wenig später in züchtiger rot-weiß-roter Kleidung am Altar gedient …

Etwas ist mir von diesen kindlichen Spielen geblieben: eine gewisse Distanz, ja ein Widerwille gegen den großen Massenlärm und das allzu dicke patriotische und kriegerische Pathos. Es kam ja dann eine Zeit, in der das Spucken auf den Rennweg nicht mehr aus kindlichem Übermut, sondern aus ideologischer Abneigung leichtgefallen wäre, wenn sich da die roten Fahnen mit dem Sieg-Heil-Gebrüll verbanden. Aber da hätte kein Spucken mehr geholfen.

Ich muss gestehen: Wenn ich heute über die Rennwegallee nach Süden auf die liebe, alte Hofkirche zugehe und die Nordfassade mit der Klosterfrau-Architektur zwischen den Kastanienbäumen auftaucht, fällt mir die Spuckgeschichte ein (jetzt muss ich sie korrekterweise mit „ck" schreiben). Inzwischen ist ja die Zeit der Kindereien vorbei, und mein Dienst in und an der Kirche hat gegenüber dem Ministrantendienst von damals in meinem Amt als Priester und Bischof an Intensität und Ernst zugenommen. Aber wenn ich ganz ehrlich bin – hie und da, wenn ich zum kreisrunden Loch emporschaue, kommt doch der Wunsch hoch, sich aus aller Würde und Erhabenheit, aller gebotenen Beherrschung und Reife wegzuschleichen und auf das eine oder andere, das sich in unserer Massengesellschaft tut, kräftig hinunterzuspucken und dabei ein ähnlich befreiendes Gefühl zu empfinden wie einst im Mai … Man kann nicht immer gemessen-fromm-aszetisch reagieren. Man geht dann erleichtert in das Große und Heilige zurück, wie wir Ministranten damals an die Altarstufen. Ich bitte um Verständnis – schuld ist das Kindheitserlebnis im Nasenloch der steinernen Fassadenklosterfrau.

Und gleichzeitig bitte ich um Verständnis, daß ich als vielfach Verantwortlicher für Kinder- und Jugenderziehung mit der Veröffentlichung dieser Spuckgeschichte bis zum Pensionsalter gewartet habe …

Veröffentlicht 1997 in „Fröhlich und ernst unter der Mitra".

DIE GOLDENE STADT

Ein Militärtransportzug ist alles andere als ein Reisevergnügen durch schöne Landschaft und Kultur, wie das heute in unzähligen Angeboten vorgeführt wird. Ein Truppentransport in einem Krieg ist ein Versand von Menschenmaterial und Waffen von einem Einsatzort an einen anderen. Meistens führt er noch dazu durch ein Land, in dem sich die Sympathien für die Besatzer in Grenzen halten. Man ist alles andere als ein willkommener Gast. – Auch unser Transportzug rollte unter diesen Auspizien von Pilsen ostwärts durch das Tal der Beraun.

Aber den Augenblick, als wir an einem wunderbaren Oktoberherbstabend die Moldau überquerten und das ganze alte Prag im schönsten, milden Licht vor uns lag, vergesse ich nicht. Es war eine geradezu unwirkliche Schönheit der Türme, Brücken, Kuppeln und Dächer der Altstadt und der Kleinseite, gekrönt vom Hradschin und dem gotischen Filigran des Veitsdoms.

Der Grund, warum ich das alles in diesem Moment mit etwas anderen Augen sah als meine Kameraden, lag in einem Kindheitstraum. Vater und Mutter hatten als junges Paar im Ersten Weltkrieg einige Zeit in Prag verbracht und haben in ihren Erzählungen immer wieder von der Schönheit der Goldenen Stadt geschwärmt. Und so war diese Stadt mit ihren Palästen, Gassen und Kirchen, mit Judenfriedhof und Alchemistengässlein in der kindlichen Fantasie verankert, Bilder und Bücher hatten nachgeholfen – und nun war sie auf einmal im Festgewand eines Herbstabends vor mir.

Die Vision währte nur kurz. Dann war der graue militärische Alltag wieder da. Wir wurden auswaggoniert, mit viel Kommandos und Geschrei, und dann ging's durch nüchterne Vorstadtstraßen zu einer Kaserne. Ich glaube, das Stadtviertel hieß Werschowitz. Die Kaserne war in unverwechselbarem altösterreichischem Stil erbaut und hatte sich aus der Monarchie bis in den Zweiten Weltkrieg herübergerettet. Aber alte

Die Goldene Stad Prag

Kasernen haben bei mir nie heimatliche oder patriotische Gefühle ge-
weckt. Kasernen werden nicht mit dem Blick aufs Gemüt gebaut. Die
Truppe, mit der ich hier einzog, war außerdem von besonderer Art –
was die allgemeine Stimmung dämpfte. Wir waren lauter ehemalige Ver-
wundete des schrecklichen Winters 41/42 in Nordrussland, die man nun
in den Lazaretten für den nächsten Einsatz fitgemacht hatte. In solchen
Reihen marschiert man mit ganz anderen Gefühlen denn als unbelaste-
ter Rekrut. Jeder birgt in seiner Erinnerung einen Granatsplitter, einen
Bombeneinschlag, einen Gewehrschuss, eine Leuchtspurgarbe, die ihn
erwischt hat, und Ähnliches. Darum sind Marschkompanien keine Ein-
heiten mit heroischer Hochstimmung, da nützt auch die flammende Ansprache des Kommandeurs gar nichts.

Wir wussten, dass wir als Gebirgsjäger nach Nordkarelien kommen
sollten, dorthin, wo in Sumpf und Wald Wolf und Wildgans einander
endgültig gute Nacht sagen und wo man in endlosen Langläufen über zu-
gefrorene Seen einen Akia mit den Waffen schleppen muss – wie ein Po-
larhund … Und die Chancen zum Überleben werden so schlecht sein wie
gehabt. Nein, in unseren Köpfen kreiste kein Verlangen nach Abenteuer.

Und so geschah in dieser Kaserne in Werschowitz etwas, was ich
sonst nie geübt habe: Ich habe mich freiwillig gemeldet. Es hieß plötzlich, man könnte sich zum Afrikakorps melden. Ich bin mir bis heute
nicht klar, was bei diesem Schritt überwogen hat – die Erinnerung an
den schrecklichen russischen Winter oder der hintergründige Gedanke,
dass ich in diesem Krieg, an dessen Endsieg ich nie glaubte, am Ende
doch lieber im Westen sein wollte. Ein Gefangenenlager in den Rocky
Mountains oder in Ägypten schien mir bedeutend attraktiver als eines
in Sibirien. Jedenfalls – als der Befehl mit der Möglichkeit, sich zum Afrikakorps zu melden, verlesen wurde, habe ich die Hand gehoben. Aber
mit mir noch hundert andere, die wahrscheinlich ähnlich motiviert waren wie ich, auch wenn niemand das aussprach.

Nach einigen Tagen tauchte in der Kaserne ein Oberstabsarzt mit
einem ganzen Team von Ärzten und Helfern auf und wir wurden äu-

ßerst gründlich untersucht. Die normalen Fronttauglichkeitsprüfungen begnügten sich meist mit kurzen Blickkontakten und einer Bewegung des lädierten Körperteils. Aber hier ging es nun ganz genau zu.

Von den hundert Freiwilligen waren schließlich nur acht tropentauglich. Ich war der achte, mit „St" der Letzte im Alphabet. Wir waren froh. Heimlich sandten wir nach Russland, Karelien, den Waldkrieg und die bittere Kälte den üblichen Abschiedsgruß eines Obergefreiten, den ich hier nicht wörtlich wiedergebe, weil er sich in geistlichen Büchern nicht so gut ausnimmt.

Eine Woche später wurden von den acht Tropentauglichen sieben abberufen. Man benötigte nur sieben. Ich, der achte, war nicht mehr auf der Liste. Ich musste mich wieder mit der Aussicht auf karelische Sümpfe, Urwälder und arktische Winter abfinden. Die sieben Glücklicheren reisten ab. Sie haben das Edelweiß der Gebirgsjäger gerne mit der Khaki-Uniform des Afrikakorps vertauscht. In Italien gingen sie an Bord des Transportschiffes nach Tunis. Bei Pantelleria wurde ihr Schiff von einem U-Boot torpediert. Alle sieben fanden den Tod in den Wellen.

Ich kam etwas später auch auf ein Schiff, in Danzig. Bei einem Orkan in der Ostsee gab es auch auf unserem Schiff U-Boot-Alarm. Auf der Höhe von Stockholm kehrten wir um. Aber wir wurden nicht torpediert. Die Überfahrt nach Finnland verzögerte sich nur etwas.

Ich habe mich nie mehr freiwillig gemeldet, sondern alles kommen lassen, wie es kommt. Es ist gut, dass man nie im Voraus weiß, was die Zukunft bringt.

Wie ich nach dem Krieg wieder zu Hause war, hatte ich das erste Mal Zeit, den Schreibtisch meines verstorbenen Vaters aufzuräumen. Da stieß ich unter den alten Schriften auf einen Brief, in dem mein Vater im Jahre 1917 bei meinem Großvater mütterlicherseits in aller Form um die Hand meiner Mutter anhielt, wie das damals üblich war. Der Brief meines Vaters, der Reserveoffizier bei den Tiroler Kaiserjägern war, war zu meinem Erstaunen in der gleichen Kaserne in Werschowitz datiert, in die ich damals in der „Goldenen Stadt" eingerückt bin.

Ich habe den Brief meines Vaters sehr nachdenklich betrachtet. Mein Vater war gestorben, als ich ein Kind war. Über den Krieg haben wir beide gleich gedacht. Er war Lehrer für Deutsch, Geschichte und Geografie. Wie mir meine Mutter erzählte, hat er im Jahre 1914, als alles in Kriegsbegeisterung jubelte, zu ihr gesagt: „Dieser Krieg ist verloren – und sein Ende ist die Auflösung der österreichisch-ungarischen Monarchie …"

Von der Kaserne in Werschowitz sollte er in die schweren Kämpfe seines Regiments in den Dolomiten kommen. Da erlitt er in Prag plötzlich eine schwere Blutung – und so wurde er vom Frontdienst zurückgestellt. Wahrscheinlich hat ihm das das Leben gerettet. Ich wurde in der Kaserne in Prag nur von einer Liste gestrichen. Aber in dieser Kaserne der Goldenen Stadt müssen ein paar Schutzengel unserer Familie stationiert gewesen sein …

Veröffentlicht 2012 in „Spätlese".

DAS LATEINBUCH

Sie müssen sich das einmal vorstellen: Der Krieg ist zu Ende. Es ist alles vorbei. Vorbei die endlosen Märsche in die winterliche Polarnacht hinein und aus der Polarnacht heraus, vorbei die eiskalten Nächte in den Zelten, die Schneestürme, die Gefahr. Vorbei das ewige Wacheschieben und Hineinlauern in die Dunkelheit, die endlosen Langlaufspuren im Nordlicht. Vorbei das Elend der Verwundeten und das unaufhörliche Sterben rundherum. Vorbei der ideologische Wahnsinn, der das alles gebracht hat, die Macht der Gestapo und das Grauen der Lager. Der Mai zieht durch den Trondheim-Fjord, und wir gehen am blaugrünen Wasser spazieren, haben genug zu essen und lassen uns von der Frühlingssonne bescheinen. Am Tag der Kapitulation war ein U-Boot-Verpflegslager in der Nähe. Wir haben uns eingedeckt mit Herrlichkeiten, von denen wir nicht einmal zu träumen wagten. Die Engländer, die kaum sichtbar sind, behandeln uns mit größter Zuvorkommenheit. Ich bin ein Gefangener und habe mich seit Jahren nicht so frei gefühlt wie jetzt. Die Baracken mit den dreistöckigen Betten übereinander sind gegenüber dem, was wir bisher erlebt haben, ein Vier-Sterne-Hotel. Die Flugzeuge, die über den Fjord dahinziehen, haben keine Bombenlast mehr, und niemand schreit: Volle Deckung! Der einzige Wermutstropfen ist der Gedanke an die Heimat, von der wir nichts wissen und die in Not und Elend versinkt … Aber trotzdem – rundherum singt für mich alles: die weißen Birken mit dem hellen Grün und der Fjord samt den blauen Bergen im Hintergrund, der Duft, der von der Lagerküche herüberzieht, und die so lange vermisste warme Sonne – alles singt: Das Leben beginnt!

Ich sitze auf einem Bretterstapel neben den Baracken, die für zwei- bis dreitausend Soldaten Platz bieten, und lass mich von diesen Gefühlen des Davongekommenseins und des Neuanfangendürfens überwältigen.

Da kommen meine zwei besten Freunde und setzen sich neben mich. In der letzten Schlacht sind wir drei beim Rest unseres Zuges gewesen. Und wir haben so viel miteinander erlebt und Ängste ausgestanden, dass wir diese Gemeinsamkeit nie mehr mit vielen Worten beschwören müssen. Aber jetzt haben die beiden doch etwas auf dem Herzen. Der eine war ein Tischler aus Schwaben und der andere ein Gärtner aus Kärnten. Und so rücken sie mit ihrem Plan heraus.

„Du", sagt der Gärtner, „jetzt sind wir für diese Idiotie fünf Jahre lang durch Blut und Dreck gegangen – für nichts und wieder nichts. Jetzt möchten wir noch etwas Vernünftiges tun. Wir wollen Priester werden. Bring uns Latein bei. Du bist ja Theologiestudent!"

Ich habe später im Leben viele Gespräche über geistliche Berufungen geführt, lange und umständliche Gespräche, die immer komplizierter und diffiziler wurden bis zum heutigen Tag. Dieses Gespräch war das einfachste von allen. Nach den vergangenen fünf Jahren musste man keine Fragen nach der Echtheit des Wunsches stellen, nach der rechten Gesinnung und dem im Leben bewährten Glauben. Darüber haben die gemeinsamen fünf Jahre mehr gesagt, als fünf Fachgutachten je aussagen können.

Ich gestehe, dass ich bewegt war. Ich hatte meinen Berufswunsch durch die ganze Zeit hindurch getragen – ich weiß selbst nicht, warum das ganze Chaos rundherum diese Absicht nie in Frage stellen konnte. Es war halt so. Wahrscheinlich muss jemand gebetet haben. Aber ich hätte nie erwartet, dass dieses Berufsziel „Priester" bei anderen neben mir aufkommen könnte. Mit derartigen Zielen wusste man sich im Dritten Reich doch sehr isoliert – als offizieller „Blindgänger der Nation", wie man uns nannte.

Ich habe natürlich in der ersten freudigen Überraschung sofort zugesagt. Dann stiegen aber doch einige Bedenken auf. Die ersten Schwierigkeiten waren technischer Natur:

„Ihr müsst jetzt Briefpapier zusammenbetteln. Heimschreiben können wir sowieso nicht. Ein paar Bogen hab ich. Aber für die ganze Formenlehre und die Grammatik und eine Vokabelsammlung brauchen wir Papier, auch wenn wir ganz klein schreiben werden …"

Und dann wurde mir erst das inhaltliche Problem bewusst. Seit meiner Matura waren sechs Jahre vergangen. Das damalige Wissen war tief unter Granattrichtern, Schützenlöchern und der einzigen Sorge ums Überleben begraben. Die für die Wissenschaft reservierten Gehirnpartien mussten doch verkümmert sein. Werde ich das alles auswendig schaffen? Vielleicht geht's. Wir hatten noch eine Schule hinter uns, in der Auswendigkönnen in harten Formen eingeübt worden war. Aber – es wird schwierig werden.

Ich gehe in die Baracke zurück und setze mich an den wackeligen Tisch und versuche, die Konjugationen und Deklinationen aus dem Gedächtnis heraufzubeschwören, und fühle, wie da auch dunkle Räume des Vergessens aufsteigen. Ein wenig verzweifelt starre ich nach oben, zu den Dachbalken der Baracke.

Und plötzlich sehe ich es. Auf einem Balken droben liegt ein etwas verstaubtes Buch. Bücher gehören nicht zur Ausrüstung einer Kampftruppe. Im ganzen Lager gibt es kein Buch. Seit Jahren haben wir keines gesehen, wenn ich von meiner winzigen Feldbibel absehe.

Wer alles im Rucksack tragen muss, kann sich nicht mit Büchern beschweren. Und wo hätte es schon Zeit und Licht im nordischen Winterdunkel gegeben, damit man überhaupt zum Lesen gekommen wäre? Aber ein Buch ist Papier. Vielleicht sind einige leere oder nur einseitig bedruckte Seiten dabei, die wir verwenden können. Ich steige also hinauf und hol mir das Buch herunter, schlage es auf – und vor mir liegt:

„Lehrgang für die Reifeprüfung aus Latein"!

Ich bin sprachlos. Ein Lateinbuch – das passt zu einer Kampfeinheit etwa so wie eine Flasche Eau de Cologne oder ein Essgeschirr aus Meißner Porzellan. Es ist unglaublich. Ich bin überzeugt, dass auf den mehr als tausend Kilometern von Trondheim bis Tromsö kein Lateinbuch herumliegt. Und dieses eine, das irgendjemand im Lager Verdal abgelegt hat, wartet in all den vielen Gefangenenlagern, den unzähligen Baracken, den vielen Winkeln und Balken ausgerechnet da droben auf mich, während draußen auf dem Bretterstapel meine Freunde hocken und ich hier herinnen sitze und verzweifelt nach den Resten klassischer Bildung in meinem Gedächtnis krame!

Ich habe es nie gewagt, diese Geschichte in einer Predigt zu verwenden. Ich musste immer fürchten, als Schwindler zu gelten. Es riecht doch zu sehr nach einer erbaulichen Erzählung in einem frommen Blättchen.

Aber es ist eben einfach so gewesen. Wir haben sofort zu lernen begonnen und Latein mit Hochdruck betrieben. Der Gärtner aus Kärnten konnte zu Hause gleich in den fünften Kurs Gymnasium eintreten. Er ist ein guter, treuer Seelsorger geworden. Zu meiner Bischofsweihe ist er gekommen. Wenige Wochen vor dieser Niederschrift bin ich an seinem Grab gestanden. Der andere wurde Missionar in Ostafrika. Auch ihn habe ich noch einmal sehen dürfen, bevor er in seinem geliebten Afrika in die Ewigkeit gegangen ist. Das Wiedersehen mit den beiden war eine wunderbare Stunde. Es war nicht sehr wortreich. Es gibt Formen des Verstehens, die keine langen Reden benötigen. Da gehen die Erinnerungen und Gemeinsamkeiten hinüber und herüber – ein kleines Stichwort genügt. Eines dieser Stichwörter war das Lateinbuch in Baracke 11 im Lager Verdal im Trondheim-Fjord.

Rationalistisch und aufgeklärt denkende Leute können natürlich von einem typischen Zufall sprechen, einer Laune des Schicksals, einer Portion Glück oder von „Schwein gehabt".

Sie haben in gewisser Weise Recht. Die zerfranste Schwarte auf dem Barackenbalken, die irgendwer beim Einpacken vergessen hat, hat kein Naturgesetz aufgehoben, also war's kein Wunder in dem Sinn, in dem viele „Wunder" verstehen.

Aber für uns war es doch viel mehr. Es war ein „Zeichen", ein wohlwollender Scherz des Himmels, ein Volltreffer der Vorsehung. Mit diesem Zeichen haben wir eine Stimme vernommen, die noch deutlicher

Der Fjord

war als der Frühling, der Friede und die Freiheit rund um uns und die uns zugeflüstert hat: „Habt Vertrauen, das Leben beginnt!"

Und darum bin ich in Stunden des Zweifels später oft mit meinen Gedanken zu dem Lateinbuch zurückgewandert. Wahrscheinlich gibt es nicht viele Lateinbücher mit spiritueller Ausstrahlung. Gymnasiasten werden das bestätigen. Hier ist es eben anders. Hinter diesem Lateinbuch stand mehr als eine Konjugation: amo, amas, amat … ich liebe, du liebst, er liebt … Da ist eine Liebe aufgeblüht im Ich und im Du, in uns drei Musketieren und vor allem die frohe Gewissheit des „amat" – Er liebt.

Veröffentlicht 2018 in „Der Blaue Himmel trügt".

GIPFELSTUNDE

Obwohl sie viele Jahre in Blüte stand, werden Sie diese Jugendorganisation in keinem offiziellen Vereinsverzeichnis des Staates und der Kirche finden. Sie bestand aus Studentinnen und Studenten der Pädagogischen Akademie, aber sie hatte weder Organisation noch Mitgliedsbeitrag, kein Statut und keinen Vorsitzenden, sie bezog keine Subventionen und wurde in den Medien nie erwähnt. Wenn man ihr Wesen etwas hochtrabend ausdrücken möchte – sie war eine Christlich-Alpin-Pädagogische Gesellschaft. Wenn ich diese monströse Definition niederschreibe, höre ich alle Mitglieder im Geiste schon wieder lachen. Lachen war übrigens ein entscheidendes Element dieses ehrenwerten Klubs, der sich selber nie ganz ernst nahm.

Das ging schon aus dem Namen hervor, den sie sich selbst gegeben hatten. Er musste bei jedem Außenstehenden Stirnrunzeln hervorrufen. Sie nannten sich die „Sockenzuzler" (um außeralpinen Lesern über sprachliche Schwierigkeiten hinwegzuhelfen: „Zuzeln" sagt man in Tirol für „Saugen"). Der Name war an sich weder weltanschaulich durchsichtig noch von bedeutender Sinntiefe oder programmatisch aufschlussreich. Er hatte auch einen unappetitlichen Beigeschmack. Aber er besaß einen sehr starken Sitz im Leben.

Die Entstehungsgeschichte war folgende: Zwei Kletterer hatten eine größere Tour unternommen und mussten in der Wand biwakieren. Aber sie hatten zu wenig Verpflegung mit. Als nun der Abend hereinbrach und die Mägen immer deutlicher knurrten, erinnerte sich der eine, dass er eine Tafel Schokolade in den Rucksack gesteckt hatte, ganz unten bei den Reservesocken. Während der heißen Stunden in der Wand hatte nun die pralle Sonne die Schokolade verflüssigt und die Kraftnahrung war in den wollenen Socken verteilt. Der Hunger war aber sehr groß und die beiden begannen, die Schokolade aus den Socken herauszuzuzeln. Da dieses Erlebnis außerordentlich symbolträchtig für das harte und entbehrungsreiche Leben in den Bergen war, wählte man unter allgemeinem Beifall das Wort „Sockenzuzler" als Vereinsbezeichnung für die Christlich-Alpin-Pädagogische Gesellschaft.

Immer wieder weidete man sich an der Reaktion von Außenstehenden, die von Erstaunen bis Abscheu reichte, wenn sie von dieser seltsamen Gruppierung hörten. Man erwartete in diesen Kreisen Gipfelstürmer und Bergfreunde, Felsknappen und Eisbrüder, Steinböcke und Jochdohlen oder Ähnliches mit heroischem Beigeschmack, aber niemals „Sockenzuzler". Diese Bezeichnung nahm ja bereits das angedeutete Heldisch-Pathetische rund um den Alpinismus auf die Schippe und verband das Erhabene mit dem Lächerlichen. Lachen war eben bei dieser Bande Vereinspflicht.

Mit meinen Sockenzuzlern habe ich viele Dreitausender bestiegen – und die Wochen mit ihnen von der Wildspitze bis zum Ortler und vom Rosengarten bis zum Glockner gehören zu meinen schönsten Erinnerungen in der Jugendseelsorge. Die Gruppe war außerdem sehr sangesfreudig und hatte ein großes Reservoir an auswendig gekonnten Liedern. Ich vergesse nie einen besonders schönen Tag auf einem hohen, aber einsamen Ötztalergipfel, auf dem sie zwei Stunden lang konzertierten.

So waren wir wieder einmal zu einer Woche in Kals am Großglockner versammelt. Aber das Wetter wollte nicht mitziehen. Wir stürzten uns auf Osttirols reiche Kultur und sangen uns durch alle bedeutenden Kirchen der Umgebung, aber über den Bergen lagen schwere Wolken. Über Nacht wurde es kühl – und wir ahnten einen Wetterwechsel und beschlossen, an einem Tag den Großglockner zu besteigen. Tatsächlich klarte es zunächst auf. Wir fanden alle Hütten leer, auch die Adlersruhe, und standen schließlich ganz allein am Gipfel. Der Glockner ragte über ein großartiges Wolkenmeer, das so hoch war, dass nicht einmal der Großvenediger das Auftauchen schaffte. Nachdem wir am Gipfelkreuz wie üblich kurz gebetet hatten, benützten wir diese erhabene Szenerie zu einer feierlichen Handlung. Es wurden fünf silberne Socken verliehen. Diese kleinen Socken am rot-weiß-roten Ordensband hatte meine treue Wirtschafterin Anna aus

Der Großglockner

Silberwolle gestrickt. Sie wurden wie Großkreuze und Ehrenzeichen als Halsorden getragen und konnten nur nach sehr vielen Gipfeln erworben werden. Ähnliches hat der viel bestiegene Großglockner sicher nie erlebt. Als wir nach langem Abstieg das bereits wieder übervolle Lucknerhaus am Abend betraten, staunten die Gäste nicht wenig über den Halsschmuck der Ausgezeichneten, und es wurde getuschelt und gerätselt, aber die Sockenzuzler hüllten sich in elitäres Schweigen. Die Symboltiefe dieses einmaligen alpinen Ordens wurde durch eine Art Arkandisziplin geschützt. Derart tiefsinnige Geheimnisse verrät man nicht jedem.

So endete auch die Feierstunde auf Österreichs höchstem Gipfel in einem großen Gelächter, das, wie oben erwähnt, für die Christlich-Alpin-Pädagogische Gesellschaft typisch und identitätsprägend war.

Ich habe mich der Sockenzuzler erinnert, weil dieses Miteinander mit diesen und über tausend weiteren jungen Menschen in den Bergen für mich ein so schönes Erleben war. Beim Schweizer Psychologen C. G. Jung habe ich gelesen, dass es ein großer Reichtum für einen jungen Menschen wäre, wenn er schöne Erinnerungen sammle, zu denen er später zurückkehren könne. Ich hoffe, dass in den vielen Bergwochen bei so manchem durch die fröhlich-bewegte Oberfläche hindurch schöne Bilder auf den Seelengrund gesickert sind – schweigende Täler und ragende Wände, spiegelnde Bergseen und Gletscher im Mondlicht, weite Gipfelblicke und luftige Grate, sicheres Seil über blaugrünen Eisbrüchen, Morgensonnen auf selbst errichteten Steinaltären und flammende Felsen im Abendlicht – und vielleicht noch ein wenig tiefer ein unausgesprochenes, aber heimlich gefühltes Ja zu Gott und den Menschen, zur Schöpfung und zum Leben.

So gesehen waren die feierlich verliehenen silbernen Socken auf dem Gipfel des Großglockners wahrscheinlich doch ein bisschen mehr als ein fröhlicher Übermut.

Veröffentlicht 2003 in „Augenblicke".

EIN BERGBLUMENSTRAUSS DER DANKBARKEIT

150 Jahre Oesterreichischer Alpenverein

Im Laufe meines langen Lebens ist bei mir oft das Gefühl der Dankbarkeit gegenüber dem Oesterreichischen Alpenverein aufgestiegen. Aber ich habe nie gedacht, dass mir einmal die Gelegenheit geboten würde, in einem so festlichen Rahmen diesen Dank zum Ausdruck zu bringen. Ich hoffe, liebe Bergfreunde, dass Sie spüren, dass dieser Dank keine Formalität ist, sondern aus dem Herzen kommt.

Der Dank an die meist Unbedankten

Mein erster Dank geht an die Stillen im Lande. Ich meine hier die ungenannten, unbekannten, anonymen Mitglieder im Hintergrund, die meist ehrenamtlich den großen Verein aufrechterhalten. Ich denke also an die Funktionäre in den vielen Ortsgruppen, die Angebote und Programm vorbereiten, ich nenne hier Hüttenverantwortliche, die sich mit den Sorgen einer vereinseigenen Schutzhütte herumschlagen, ich vergesse auch nicht die Engagierten, die sich regional oder lokal zu Wort melden, wenn wieder einmal ein Stück Natur dem allzu hochentwickelten Erwerbssinn unnötig zum Opfer zu fallen droht. Ich erinnere an die Idealisten, die im Frühjahr die Steige ausbessern, die Markierungen erneuern, da und dort einen Flurschaden oder Lawinenschaden beseitigen oder einen Klettersteig überprüfen. Ich denke an die, die sich die Führung von Jugendgruppen antun und damit Verantwortungen übernehmen, die alles andere als selbstverständlich sind. Mein erster Dank geht also an diese meist verborgene, unersetzliche, geheime Logistik unseres Bergvergnügens.

Der Dank für ehrlichen Umgang mit der Geschichte

Mein zweiter Dank mag manchen etwas merkwürdig vorkommen, aber er hängt damit zusammen, dass meine Erinnerungen eben die Hälfte der 150 Jahre umfassen. Ich danke den Verantwortlichen des Alpenvereins, dass sie in der Vorbereitung dieses Jubiläums an den dunklen Seiten der Geschichte nicht vorbeigegangen sind. Jede menschliche Gemeinschaft, die lange in der Geschichte steht, hat solche Schattentäler. Und so gab es auch im Alpenverein eine Epoche, in der das Edelweiß braune Rostflecken bekommen hat. Ich bin dankbar, dass man in Veröffentlichungen diese dunklen Seiten nicht verdrängt hat. Man muss diese Dinge sehen und aufräumen, so wie man auch den Müll auf vielfrequentierten Bergspitzen einsammeln muss und Stacheldrahtreste und Blindgänger in den Dolomiten. Ich danke dem Alpenverein für den ungeschminkten Rückblick.

Aber in diesem Zusammenhang erlauben Sie mir bitte einen kleinen Seitensprung in einer Festrede. Aber es geht um einen großen Mann des Oesterreichischen Alpenvereins. In den Dreißigerjahren des vergangenen Jahrhunderts hatte ich am Gymnasium in Innsbruck einen Turnlehrer. Wir hatten ihn recht gern. Irgendwie war er damals auch in der staatlichen Jugendorganisation tätig, die für uns nicht sehr viel bedeutete. Mit dem März 1938 wurde unser Turnlehrer sofort aus dem Schuldienst entlassen. Er hat keine einzige Stunde mehr gehalten. Wir haben schon gefürchtet, dass er zu den vielen Hundert Verhafteten zählte, die es damals in Innsbruck gab. Aber er wurde von der deutschen Wehrmacht übernommen. Der Grund lag wohl darin, dass er einer der höchstausgezeichneten Kaiserschützenoffiziere des Ersten Weltkriegs war. Mein Turnlehrer hieß Martin Busch. Nach dem Krieg wurde er sofort wieder in den Schuldienst eingestellt und zum Fachinspektor für Leibeserziehung an den Höheren Schulen Tirols bestellt. Im Alpenverein übernahm er die heikle Aufgabe der treuhänderischen Verwaltung der Hütten des Deutschen Alpenvereins, die ja zunächst als „deutsches

Eigentum" gefährdet waren. Ich bin mit meinem alten Turnlehrer immer freundschaftlich verbunden geblieben. Er war kein Nazi, wie von flotten Zeitkritikern behauptet wurde. Er gehört zu den großen Männern und Frauen des Alpenvereins, die dem Edelweiß den alten Glanz zurückgegeben haben. Und die Samoarhütte im Ötztal wurde ganz zu Recht in Martin-Busch-Hütte umgetauft. Ich habe das Gefühl, dass diese Rehabilitierung in dieser festlichen Stunde angebracht ist.

Der Dank für den Dienst an der Jugend

Mein dritter Dank an den Alpenverein liegt mir besonders am Herzen. Als ich Bischof wurde, hatte ich in meinem Keller 600 Meter Bergseile, 30 Eispickel und Helme, Steigeisen und Schneegamaschen, Brust- und Sitzgeschirre, 200 Karabiner, Eisschrauben und Felshaken, Kletterhämmer und Stirnlampen – ein ganzes Arsenal. Und an diesem Arsenal hing die Erinnerung an viele, viele Alpinkurse im Fels und Eis mit jungen Menschen.

Und deshalb hat mein dritter Dank auch einen „Sitz im Leben", wie man das in der Literaturgeschichte sagt. Ich danke dem Alpenverein, dass er hilft, jungen Menschen die Berge zu erschließen. Ich bin nämlich aus Erfahrung davon überzeugt, dass Jugend rauschhafte Erlebnisse braucht. Und wenn sie keinen Zugang zu edlen Räuschen bekommt, dann wird sie für die weniger edlen Räusche, die die Gesellschaft anbietet, anfälliger.

Die Berge halten edle Räusche bereit. Der Aufstieg in der Mondnacht durch den Eisbruch hinein in den ersten Morgenschimmer über den Gletscherfeldern – das ist ein Rausch. Und so ist es auch mit einer luftigen Gratkletterei in der Morgensonne. Und auch die fröhliche Gipfelrunde ist ein Rausch, so wie die Abfahrt über den Firn.

Und wenn man am Abend vor der Hütte sitzt und droben die Gipfel verglühen, auf denen man gewesen ist, und rundherum das Konzert der Gletscherbäche aus dem Dunkel zu hören ist – das ist auch ein Rausch,

Der Wilde Freiger

ein leiser Rausch. Ein großer Erzieher, Baden-Powell, der Gründer der Pfadfinder, hat einmal gesagt: Wenn man einem jungen Menschen nichts anderes vermittelt hätte als schöne, tiefe Erlebnisse – dann hätte man ihm schon sehr viel fürs Leben geschenkt. Ich danke dem Alpenverein für den Dienst am jungen Menschen. Wer in die Großartigkeit der Bergwelt eingetaucht ist, der braucht weder Droge noch Komasaufen, um der Langeweile zu entkommen. Und wer in der alpinen Leistung ein gesundes Selbstgefühl erworben hat, der braucht weder die Rücksichtslosigkeit der Raserei noch den Machtrausch der Gewalt zur Ehrenrettung seines Ego.

Ich danke dem Alpenverein, dass er in der Jugendarbeit gleichzeitig die Erziehung zu Kameradschaft, Verantwortungsbewusstsein und Sicherheitsdenken fördert, und damit den Sinn für objektive Gefahren und Einsicht für subjektive Grenzen. Wenn ich eine Bitte gegen einen gewissen Zeittrend anmerken darf: Die Berge sollten für den Menschen mehr sein als Hochleistungsstrecke und überdimensionales Turngerät.

Der Dank für den Dienst an der Gesellschaft

Mein vierter Dank an den Alpenverein gründet in einem weiten Horizont. Ich denke hier an die Rolle, die der Oesterreichische Alpenverein und ähnliche Organisationen mit verwandten Grundsätzen im großen Zusammenhang der Gesellschaft spielen. Ich weiß, dass man mit großen Worten behutsam sein muss – aber ich wage von der epochalen Bedeutung des Vereins zu sprechen.

Vor Jahren habe ich bei dem großen Schweizer Biologen und Anthropologen Adolf Portmann ein bemerkenswertes, fast prophetisches Wort gelesen. Portmann hatte eine über das positive Wissenssammeln hinausgehende ehrfurchtsvolle Vision des Lebendigen, der Natur, des Naturerlebnisses und seiner Bedeutung für den modernen Menschen. Er war der Überzeugung, dass es für die Zukunft eine der wichtigsten Aufgaben sein müsse, den überzivilisierten, in seiner selbstgebauten Second-Hand-Welt gefangenen Menschen immer wieder zur Begegnung mit der ursprünglichen Natur zu bringen. Es ist doch ganz richtig gesehen: Die Welt von Beton und Glas und müheloser Knopfdrucktechnik und Plastik und huschenden Bildern, die in zerfetzter Hast angeboten werden und kein Schauen mehr erlauben, und die künstlich übersteigerten Sensationen und Sturzfluten vielfach belangloser Informationen, die an sich ja großartige Zauberwelt blitzschneller Information und Kommunikation – das alles birgt doch neben dem Fortschritt und der Entfaltung menschlicher Tüchtigkeit auch Gefahren für das Humanum. Der Soziologe Karl Steinbuch hat auf diese Gefahren in seinem Buch über den „maßlos informierten Menschen" gewarnt, und heute müssen namhafte Hirnforscher auf drohende Schäden aufmerksam machen. Der „Way of Life" des modernen Menschen der hochzivilisierten Länder schreit nach Ausgleich – im Sinne Portmanns. In die Berge gehen ist nicht nur ein wenig Frischluft, Fitnesserwerb oder Felsakrobatik oder ein romantischer Anfall – das kann es alles auch sein. Es ist eine andere Welt des Erlebens, ein anderer Rhythmus, der mich ergreift, wenn ich die Welt beim Wandern in langsam vorbeigleitenden Bildern sehe, wenn ich bei einem Bergbach raste, wenn ich auf anstrengenden Serpentinenwegen gesund müde werde, wenn ich, am Ziel angelangt, den Tiefenblick vor mir habe. Und damit, dass der Alpenverein zu dieser Art der Welterfahrung motiviert und ermuntert, leistet er einen wichtigen Dienst am Humanum. Und bei der Mitgliedszahl des Alpenvereins ist dieses Unternehmen – zusammen mit ähnlichen Vereinigungen – ein gesellschaftlich bedeutender Faktor. Und dafür möchte ich Dank sagen, für diese Breitenwirkung im Sinne des Anliegens Portmanns.

Mein letzter Dank geht in die Tiefe

Verstehen Sie mich bitte recht. Dieser Dank ist nicht nur die fromme Pflichtübung eines Altbischofs, der hier zufällig zu Wort kommt. Hinter diesem Dank stehen Tausende von Briefen, die ich bekommen und beantwortet habe – generationsüberschreitende, berufsstandübergreifende, Sprachgrenzen durchbrechende, Konfessionsgrenzen überschreitende Briefe. Dazu kommen Begegnungen auf Wanderwegen und Hüttenbänken und manchmal vor Bergkreuzen, um die sich Menschen zu einer Bergmesse versammelt haben – und auch das waren Tausende. Wie soll ich es ausdrücken? Ich spreche hier den Dank der vielen aus, deren Herz in den Bergen Flügel bekommt.

Die Bergwelt wirft der Natur den Mantel ehrfurchtgebietender Majestät um. Und sie breitet den Teppich der Stille aus, auf dem das große Staunen Einzug halten kann. Der unermüdliche Wasserfall und die ragende Wand stimmen beide eine erhabene Melodie an, die alle menschliche Arroganz, Blasiertheit und Überheblichkeit verstummen lässt. In einer wenig begangenen Rinne habe ich einmal einen Bergkristall gefunden. Unwillkürlich hält man inne, wenn man bedenkt, dass diese wunderbaren Blumen im Inneren der Berge Jahrmillionen zum Erblühen brauchen. Ich weiß, dass man sich heute oft schwertut, zum Glauben zu kommen. Aber die Berge führen doch fast jeden auf den „Pfad der Nachdenklichkeit“, wie die Mongolen einen besonders einsamen Karawanenweg nennen. Und ist es nicht so, dass man im Erlebnis des Bergs das erfährt, was Psychologen das *Geschenkerlebnis des Daseins* genannt haben? Und Beschenktsein drängt zum Dank. Und Dank will eine Adresse, Dank ist ein Du-Impuls. Ich kann beim besten Willen nicht physikalischen, chemischen oder biologischen Prozessen danken. Ich kann überhaupt keinem Es danken, weder einer Materie noch einer Evolution noch einem Universum noch einem Zufall noch einer Milliarde von Zufällen. Ich kann nicht einmal dem unglaublich komplizierten Lebensgeheimnis einer Bergblume danken, die sich vor mir im Winde wiegt. Das alles kann ich bewundern, danken kann ich nur dem großen Du. Und so gibt es in den Bergen Wege zum Schöpfer. Dabei sind die Berge keine wortreichen, aufdringlichen, lästigen Sektenprediger. Sie bieten die Botschaft vom Schöpfer in vornehmer Verhaltenheit an. Aber nicht umsonst sind rund um den Erdball heilige Berge entstanden.

Ich weiß, dass diese Erfahrung viele Tausende bewegt – und in deren Namen spreche ich hier dem Alpenverein Dank aus, weil seine Zielsetzung, Menschen in die Berge zu bringen, vielen auch diese Dimension erschließt.

Und damit bin ich zu Ende gekommen. Der kleine Bergblumenstrauß für den jubilierenden Oesterreichischen Alpenverein ist gewunden:

* eine duftende, aber unscheinbare Edelraute für die vielen Engagierten im Hintergrund, die den Verein erhalten,
* ein blankes Edelweiß den Verantwortungsträgern für die Nebelauflösung in der Vergangenheit, den guten Geist und den Einsatz für die Schöpfung,
* Almrausch und Alpenrose für den Dienst an jungen Menschen und den vielen, denen der Verein zur Naturbegegnung verhilft,
* und schließlich einen vielblütigen, goldenen Plateniglstand als Zeichen des Dankes für alle, deren Herz in den Bergen Flügel bekommt;
* und jetzt noch ein paar nicht welkende, grüne Zirbenzweige rundherum als Zeichen dafür, dass der Oesterreichische Alpenverein nie welken und weiter wirken und dienen soll, von Generation zu Generation.

Festansprache am 20. Oktober 2012 im Wiener Rathaus; veröffentlicht 2014 in „Mit gläubigem Herzen und wachem Geist".

KINDERWEISHEIT UND OSTERGLAUBE

Es war in einer kleinen Bergschule, in der von sechs bis vierzehn alle Kinder auf den ziemlich grob gezimmerten Bänken saßen, umgeben von einer mehr als dürftigen „technischen Ausstattung", ohne Videorecorder und Overheadprojektor, aber mit einer beneidenswerten Aussicht von den Klassenzimmerfenstern über die weitgeschwungenen Bergketten in der Vormittagssonne – vor allem aber mit einer familiären Atmosphäre, von der man in den blitzenden Glas- und Betonpalästen der Pädagogik nur träumen kann. Es war einige Tage vor den Osterferien. Ich war gerade mit der langen Erzählreise über Abendmahlsaal, Ölberg und Golgatha bis zur Auferstehung zu Ende gekommen. Da hab ich an den Seppl in der dritten Bank die gewichtige Frage gestellt, was ihm denn an der Erzählung von Jesus am besten gefallen habe. Der Achtjährige, auf einem einsamen Hof eine Stunde hangeinwärts zu Hause, gab strahlend die Antwort: *„Dass alles so gut ausgeht!"*

Kinderantworten haben es manchmal in sich. Sie lassen aufhorchen, zwingen zum Lächeln – und zum Ernstwerden, und hie und da regen sie mehr zum Nachdenken an als so manches Expertenblabla …

„Dass alles so gut ausgeht …" – der Bergbauernbub hat damit unbewusst eine Ursehnsucht der Menschheit ausgesprochen. Beim Kind bricht diese Sehnsucht unbekümmert und ungebrochen durch. Es ist sozusagen plusgepolt – und macht kein Hehl daraus. Kinder wollen Geschichten, die gut ausgehen. Es ist ganz undenkbar, dass die Biene Maja in der fünfzigsten Sendung zertreten werden dürfte, oder dass Wickie schlussendlich irgendwo ertrinken könnte. Wer Kindern eine Geschichte erzählen will, bei der die Herzen mitschwingen sollen, muss über eine verfügen, die gut ausgeht.

Die Schwierigkeit liegt nur darin, dass sich dann das Leben keineswegs an das Reglement von Kindergeschichten hält. Es geht durchaus nicht alles gut aus. Auf das unbeschwerte Hoffen des Märchenzeitalters fallen Schatten. Hinter die naiv-fröhlichen Erwartungen schleichen sich die Fragezeichen und wollen sich nicht mehr davonstehlen. Und wir machen die Erfahrung, dass die Welt nicht heil ist. Da gibt es Einzelschicksale, die auch einem Bischof jedes billige Trostwort vom Munde wischen. Es gibt Belastungen, gegen die man in der Tiefe des eigenen Herzens ratlos ist. Und es gibt schwere Wolkenbänke, die über allen lasten. Fast täglich zeigen die Nachrichten Szenen des Schreckens. Und jeder von uns weiß, dass in tausend Raketenschlünden der unvorstellbare Horror wie ein schläfriges Raubtier lauert, immer bereit, sich in Sekundenschnelle auf unsere Welt zu stürzen.

Es ist nicht verwunderlich, dass in vielen Menschen die frisch-fröhliche Erklärung aus der Bergschule, dass „alles gut ausgeht", nur noch ein schwaches Echo findet. Es ist etwas Wahres an der Behauptung, dass die Versuchung unserer Zeit nicht der Stolz, sondern die Verzweiflung sei. Wenn man nur daran denkt, wie viele Schattenspiele es auf der Kulturszene gibt, in denen die düstere Seite des Lebens zum Ausdruck kommt …

Die leise Kinderstimme im tiefsten Grund der Seele, die die Sehnsucht nach dem Glück nie verstummen lässt und immer wieder zum Blühen bringt wie die Seerose auf dunklem Gewässer – von woher bekommt sie Antwort?

Es nützt mir nichts, wenn mir ein berühmter Philosoph auf die Schulter klopft und klarmacht, dass man die Sinnlosigkeit eben zur Kenntnis nehmen müsste. Es hilft mir auch nicht, wenn ich mit raffinierten Versenkungsmethoden aus der Realität fliehe und in ein Nirwana entschwebe. Es sagt mir auch nichts, wenn ein Ideologe mir einzureden versucht, dass ich mich als Teilchen in einem gewaltigen Evolutionsprozess der Gesellschaft sehen müsste. Und irgendein feuchter Drei-Promille-Optimismus, der zwischen Heurigenrülpsern musikalische Gestalt annimmt, bringt mich auch nicht weiter. Und so gern ich die Natur habe – angesichts des Drüsenkrebses im letzten Stadium, den ich eben gesehen habe, vermag mich auch der Hinweis auf Frühlingsahnen, Blütenduft und Vogelgezwitscher nicht nachhaltig zu trösten.

Blick ins Unterinntal

Das alles sind Gesten der Ohnmacht. Insofern hat der Spötter Voltaire Recht, wenn er Menschen, die über das Leid nachdenken, mit Sträflingen vergleicht, die mit ihren Ketten spielen … Gesten der *Ohnmacht!*

Nur einer hat das Dunkel der Erde, des Leids und des Todes mit der Dynamik der *Allmacht* durchbrochen: der Auferstandene. Und weil er nicht von unserer Seite kommt, der Seite der Ohnmacht, ist er der Einzige, dem ich abnehme, dass doch alles – trotz allem – „gut ausgeht": Womit der kleine lodenbehoste Amateurtheologe von der dritten Bank doch wieder Recht bekommt. Im Auferstandenen erfüllen sich die sonst zur Enttäuschung verurteilten Träume der Menschheit.

In den Ostertagen fahren auf dem Bahnhof des Daseins seine Züge ein – auf dem Bahnhof, auf dem wir Verdrossene, Frustrierte, Heimatlose, Beladene, Suchende, Desorientierte und Unruhige herumstehen, uns am Buffet der Eitelkeiten langweilen und auf die verwirrenden Fahrpläne einer pluralistischen Gesellschaft starren. Mit ihm, dem Auferstandenen, kann man getrost die Lebensreise wagen und sich im Wagnis des Glaubens aufs Trittbrett schwingen: Seine Züge halten nicht im Tunnel. Immer wieder jagen sie aus dem Dunkel des Daseins in die ewige Sonne.

Veröffentlicht in der Osterausgabe 1982 der Tiroler Tageszeitung sowie im Buch „Ein Singen geht über die Erde".

DER TAUSENDER

Wie ich mein Amt meinem guten Nachfolger übergeben durfte, habe ich mir fest vorgenommen, niemals einem anderen in die Amtsführung dreinzureden. Es ist immer gut, wenn neue Akzente gesetzt werden und da und dort ein anderer Stil gepflegt wird. Mein Vorgänger hat es mit mir auch so gehalten. Aber eines Tages wurde ich nach Aktivitäten gefragt, die ich im Rückblick als Bischof für die Wichtigsten hielte und da war für mich eine Tätigkeit im Vordergrund, auf die ich bei einem Neuanfang nicht verzichten würde.

Ich habe bei den Visitationen der Pfarreien zusammen mit dem Seelsorger alle Kranken und Alten besucht, die nicht in die Kirche gehen konnten und die diesen Besuch wünschten. Es sind viele Hunderte geworden. Und von allen Tätigkeiten, die man als Bischof ausüben muss, wäre dies eine der letzten, die ich aufgäbe. Nicht weil ich mir einbilde, dass dieser Besuch für die Betreffenden so viel bedeutet hätte. Nein, ich bin in diesen Schattenecken des Lebens zunächst einmal der herben Wirklichkeit begegnet, die in den Weihrauchwolken von Pontifikalämtern manchmal ebenso ausgesperrt ist wie in den Papierstößen von Statistiken und der tagelangen Konferenzen.

Und da war etwas Unvergessliches: Mir ist in Krankenbetten so oft menschliche Größe begegnet, dass ich als Getrösteter weggegangen bin, obwohl ich mit der Absicht zu trösten gekommen war. Und die folgende bewegende Erinnerung stammt aus einem dieser Besuche.

Es war in einem Seitental Tirols, ganz hinten, von wo man auf die Alm nur mehr eine Stunde geht.

Heutzutage hat sich das Schicksal der Bergbauern im Ganzen sicher zum Besseren gewandt. Die moderne Technik hat die Arbeit erleichtert, auch wenn keiner damit reich wird. Aber es gibt Motormäher und Seilaufzug, Wirtschaftsweg und Stromleitung, Traktor und Auto. Das alles hat die Schwerstarbeit an den Talhängen entlastet. Weil ich schon als Kind das Leben des Bergbauern auf 1450 m Seehöhe kennengelernt habe, ist bei mir gegenüber der romantischen Betrachtung dieser Lebenswelt ein Vorbehalt geblieben. Altersbraune Holzhäuser mit kleinen Fenstern, vor denen die Fotoapparate klicken und die Gäste „Ach, wie reizend!" rufen und die Städel mit den uralten Balken, mit denen sie heute in Hotelbars unverfälschtes Volkstum und tirolische Identität vorgaukeln, das alles ruft bei mir zwiespältige Empfindungen hervor. Während staunende Touristen nur Heuduft und gesundes Leben wittern, muss ich an Männer und Frauen denken, die sich beim Heutragen und Fuderabladen das Kreuz ruiniert haben und mit 50 Jahren zusammengeschunden waren. Ich habe diese Welt, die sich in Fotobüchern und Tourismusprospekten so gut macht, auch von der anderen Seite erlebt. Es war eine Welt, in der das Wort „Urlaub" ein Fremdwort war. Es war eine Welt, die diese Menschen sehr geformt hat. Bei meinem Besuch im hinteren Seitental bin ich auf diese Welt gestoßen.

Es war ein kleiner Hof am Hang, der seine majestätische Lage mit jahrhundertealter Mühsal erkauft hat. Aber er war bereits mit Auto erreichbar. Der Pfarrer hatte mir gesagt, dass der Altbauer schon lange krank sei und nicht mehr aus dem Bett komme.

Ich bin also zum Hof gekommen und mit der Herzlichkeit begrüßt worden, die im einfachen Leben wächst und die man in der Rezeption des Vier-Sterne-Hotels mühsam imitiert und doch nicht ganz herbringt.

Der alte Bauer lag in einer kleinen, niederen Stube, zusammengekrümmt und schwer atmend. Er war sicher mit Liebe und Geduld betreut, aber die unzähligen Erleichterungen, die ich kurz vorher in einem Sanatorium selbst genossen hatte, gab es hier eben nicht. Wir waren dann allein und haben miteinander geredet. Der Rosenkranz, der auf dem Nachtkastl lag, machte einen sehr gebrauchten Eindruck. Im Gesicht des alten Mannes war so etwas wie eine stille Gelassenheit und keine Spur von Verbitterung. Als ich ihm den Segen gegeben hatte, nestelte er mit seiner Hand unter dem Kopfpolster, zog eine Tausendschillingnote hervor, gab sie mir mit zittriger Hand und sagte: „Das ist für die, denen es schlechter geht als mir …"

Tausend Schilling waren damals für einen kleinen Bergbauern ein großes Geld. Beinahe hätte ich die Annahme verweigert. Aber das hätte ihn nur verletzt.

Aber wenn ich an diese unvergessliche Begegnung zurückdenke – das war ein wunderbares Blühen im härtesten Gneis der Heimat, und an einer Stelle, die so ausgesetzt ist, dass man schwer hinklettern kann.

Veröffentlicht 2013 in „Nachlese".

Worte und Werte

BOTSCHAFT DER BERGE

Der Wegweiser

Hie und da ist man froh, wenn der Wegweiser aus dem Nebel auftaucht. Schließlich kann ein Irrweg den ganzen Tag vermasseln, und den angestrebten Gipfel kann man dann vergessen, weil die Zeit nicht mehr reicht. Niemand stellt an einen Wegweiser große Anforderungen. Er muss nicht schön sein. Er braucht keine künstlerische Gestaltung aufzuweisen. Er muss nur den erwarteten Dienst erfüllen. Dazu muss er allerdings einige Eigenschaften haben: Er muss stimmen und er muss leserlich sein; und schließlich verlangt es seine Aufgabe, dass er am Rande steht, nicht mitten auf dem Weg. Es ist auch auf unseren Lebenswegen so, dass wir hie und da Menschen brauchen, die eine Wegweiserfunktion ausüben. Menschen, um die wir froh sind, wenn sie beruhigend und klärend aus dem Nebel auftauchen, der über uns fällt. Und recht bedacht, gelten für diese Menschen dieselben Erwartungen wie für die Wegweiser in den Bergen.

Sie müssen zunächst *stimmen*, will sagen – fest und gerade in ihrer Überzeugung stehen und dorthin weisen, wo das Ziel ist. Schiefe Wegweiser zeigen entweder hinauf in die Illusion oder hinunter in die Plattheit. Wegweisende Menschen müssen stimmen, das heißt in beruhigender Weise Wahrheit und Richtung ausstrahlen, echte Ziele anweisen, die an der Wirklichkeit orientiert sind. Gott bewahre uns vor Utopisten, Phantasten und manipulierenden Spekulanten, die sich als Wegweiser ausgeben.

Und Wegweiser müssen *leserlich* sein. In dieser Hinsicht hapert es manchmal im geistigen Weg- und Straßennetz unserer Tage. Es gibt ziemlich viele unleserliche Wegweiser, da und dort im wahrsten Sinn des Wortes, wenn ich meine Bücherborde überblicke. Mag sein, dass sie gerade stehen, dass sie die Wahrheit sagen – aber die Inschrift ist nicht zu entziffern, ihre Weisung und Botschaft ist zu intellektuell und kompliziert, ihre

Sprache ist bildarm, farblos und abstrakt. Oft kann der orientierungssuchende Wanderer nur kopfschüttelnd im Nebel weitergehen.

Und schließlich sollten Wegweiser *am Rande* stehen, das heißt, sie hätten ihre Rolle in dienender Gesinnung, in einem gewissen Altruismus zu verrichten, wenn sie glaubhaft bleiben wollen. Hinweistafeln, die mitten auf der Straße stehen, sind keine Wegweiser, sondern Hindernisse.

Eigentlich wären die schlichten Wegweiser in den Bergen ein Anlass zur Gewissenserforschung dieser anderen Wegweiser in den Tälern der Menschen: der Eltern, Erzieher, Lehrer, Künstler, Gelehrten und Priester …

Der Fels

Auch wenn ich keine Erfahrung in extremen Routen besitze und nur ein Bergsteiger wie viele andere bin, so weiß ich doch, was eine Genusskletterei ist. Sie hat neben der Schönheit der Führe und der Sicht eine wichtige Voraussetzung: den festen, griffigen Fels.

Der Fels ladet zum Nachdenken ein. Er ist zunächst schön. Er spielt in tausend Formen, Schattierungen und Farben. Wenn neben ihm eine Betonmauer aufgeführt wird, offenbart er die ganze Lebendigkeit seines Wesens. Ein junger Künstler hat mir einmal Zeichnungen vorgelegt, auf denen nichts zu sehen war als ein Stück Fels. Die feinen Striche haben ein schlichtes Stück Schöpfung wunderbar eingefangen.

Der Fels ist zugleich abweisend und anziehend. Er hat sozusagen ein „Tremendum", vor dem man zurückweicht und zittert, und ein „Faszinosum", das lockt und einlädt. Der Fels schenkt dieser unserer Erde die Dimension des Ragenden und Himmelstürmenden, aber auch des Trotzenden und Bleibenden. Der heilige Franziskus hätte sicher „Bruder Fels" zu ihm gesagt.

Da der Fels Festigkeit, Verlässlichkeit und sicheren Halt ausstrahlt, ist er zu einem Archetyp, einem Urbild der Menschheit geworden, so-

Die Geislerspitzen

gar zu einem Symbol des Unendlichen. Dutzende Male sagt die Heilige Schrift: Gott ist mein Fels.

Wir brauchen das Erlebnis „Fels" in unserem Leben. Wir brauchen den Felsen gültiger Wahrheit, der nicht zerbröselt und zerbricht, und wir brauchen den festen Griff der Überzeugung, mit dem wir uns an dieser Wahrheit festhalten. Das ist für das eigene Weiterkommen nötig, es wird aber besonders wichtig, wenn man andere sichern will. Dann braucht es eben festen Stand im gewachsenen Felsen und gutsitzende Haken, die im harten Stein unter dem Hammer singen, damit der andere, der im gefährlichen Gelände nachkommt, beruhigt sein kann.

Wir brauchen alle äußeren und inneren Halt. Unsere Gesellschaft ist ja nicht gerade eine Felsenlandschaft der festen Überzeugungen und gültigen Wahrheiten, sondern eher ein Gelände mit wechselnden Wanderdünen, die sich heute da, morgen dort erheben, wo gerade der Wind des Zeitgeistes den Sand der Mehrheit und die Meinung der vielen zusammenweht.

Wir brauchen aber den Felsen. Und es ist eine Gnade, wenn man ihn auf der Lebensroute zu greifen bekommt. Dieses Gefühl des letzten Sich-Verlassen-Könnens kann sogar bewirken, dass der mühsame Aufstieg hie und da zur Genusskletterei wird …

Die Quelle

Schon als Kinder hat uns der gewaltige Wasserstrahl beeindruckt, der hoch über dem Tal aus einer Felswand schießt. Wir sind oft vor der dunklen Höhle gesessen, zu der es uns bei unseren Streifzügen immer wieder hingezogen hat, und ein Stück weiter unten, wo das Wasser etwas ruhiger war, haben wir uns einen kleinen See gestaut …

Jahre später, aber auch schon vor einem Menschenalter, habe ich mir in den Sümpfen Russlands und Kareliens geschworen, nie mehr an einer Quelle vorbeizugehen, wenn ich noch einmal in die Heimat kommen sollte.

Und darum bleibe ich so oft bei den Quellen stehen.

Die Brunnen der Berge sind wirklich ein Wunder. Wenn man an die Flüssigkeit denkt, die aus vielen Hähnen Europas als Wasser rinnt, und dann die Hand mit dem Becher in die eiskalte Quelle taucht, dann begreift man das geflügelte Wort: „Zurück zu den Quellen!"

Es ist eigentlich gleichgültig, an welches Gebiet des Menschlichen man denkt – ob an Religion oder Kultur, an Geistesgeschichte oder Umweltfrage, an Recht oder Verfassung, an Erziehung oder Musik: Immer wieder, wenn die Ströme der Geschichte müde und trüb versumpfen und versanden, ertönt der Ruf: „Zurück zu den Quellen!" – Und dabei ist dieses „Zurück" kein Regress, sondern der Anfang des Fortschritts.

Wer nämlich zur Quelle aufbricht, muss aufwärts gehen. Quellen liegen immer höher als Flüsse, Seen und Meere. „Zurück zur Quelle" bedeutet zwangsläufig den Gang auf ein höheres Niveau.

„Zurück zur Quelle" besagt auch naturnotwendig die Hinwendung zu mehr Schlichtheit, Reinheit, Klarheit, Durchsichtigkeit (und Genießbarkeit) der Gedanken, Konzepte, Grundsätze und Werte. Die Wassergüte nimmt ja bekanntlich nach unten ab.

Und schließlich muss der, der „zurück zur Quelle" will, gegen den Strom waten. Es ist immer ein Weg mit Widerstand, ein Antreten gegen den Trend, ein Zusammenprall mit Verständnislosigkeit und Kopfschütteln – jedenfalls eine Fahrt, auf der man sich nie treiben lassen kann.

Und so braucht man sich nicht zu wundern, dass das Bild der Quelle nicht nur Kinder fasziniert, Sehnsüchte in der Fremde wachruft und Bergwanderer erfreut, sondern dass es zu einem Urbild der Menschheit geworden ist, zu einem jener Urbilder, die uns in der Welt der Berge so oft begegnen. Und diese Bilder kreisen immer wieder um das Erhabenste wie in den Worten des Psalms 87:

„Und sie werden beim Reigentanz singen:
All meine Quellen entspringen in Dir …"

Das Gipfelkreuz

Bei jedem Aufstieg kommt einmal die letzte Seillänge, das letzte Grat-
stück oder der letzte Grashang, und dann ist es soweit. Selbst wenn ein
Eiswind die Rast ungemütlich macht und die Nebelfetzen die Talsicht
verhängen, ist das Erreichen eines Gipfels doch ein Fest, ein Stück vom
großen Sabbat, weil der Weg zu Ende ist.

Am Ende all der vielen tausend kleinen Wege, die wir Menschen machen, steht immer wieder die Frage nach dem Sinn. Wir suchen einen
Sinn für alles, was wir tun und anstreben, wir können gar nicht anders,
als mit Blick auf Sinn durchs Leben zu gehen, sei es nun ein Vorteil, den
wir ins Auge fassen, eine Begegnung mit einem Menschen oder eine
Hilfe für einen Menschen, die uns beflügelt, sei es eine Erholung, die wir
brauchen, oder meinetwegen das Glas Bier, das uns auf der Hütte erwartet und das bekanntlich auch eine mächtige, sinnstiftende Motivation
ausüben kann. Wir brauchen Sinn für alle Wege. Aber die genannten
Beispiele betreffen sozusagen den Kurzstreckensinn, den Teilsinn.

Am Gipfel, wo die Welt zu Ende geht und wo über uns nur mehr der
weite Himmel steht und die Wolken ziehen, wächst aus dem Blick in die
Tiefe und Weite die Frage nach dem *Sinn des Ganzen*. Irgendwann fühlt
das fast jeder, auch wenn er sich's nicht so bewusst eingesteht: Diese
Frage nach dem Sinn des Ganzen ist entscheidend. Wer diesen großen
Sinn nicht erahnen, fühlen, vernehmen, glauben und im Herzen tragen kann, für den werden die kleinen Kurzstreckensinngebungen des
Alltags eigentlich auch fraglich. Was soll das Detail, wenn das Ganze
ein Unsinn ist? Darum ist die Frage, ob wir einen Sinngipfel ersteigen
und einen Gipfelsinn erleben, eine Frage nach dem Lebensglück. Dieses
Jahrhundert hat die düstere Aussage eines Philosophen gebracht: „Das
Dasein ist absurd. Ich habe zu wählen zwischen Gott und dem Absurden. Gott ist für mich unerträglich, also wähle ich das Absurde …"

Hier hat sich der Mensch wohl in einer trostlosen Schlucht verstie-
gen. Wenn alles absurd ist, ist es dann eigentlich nicht auch absurd zu

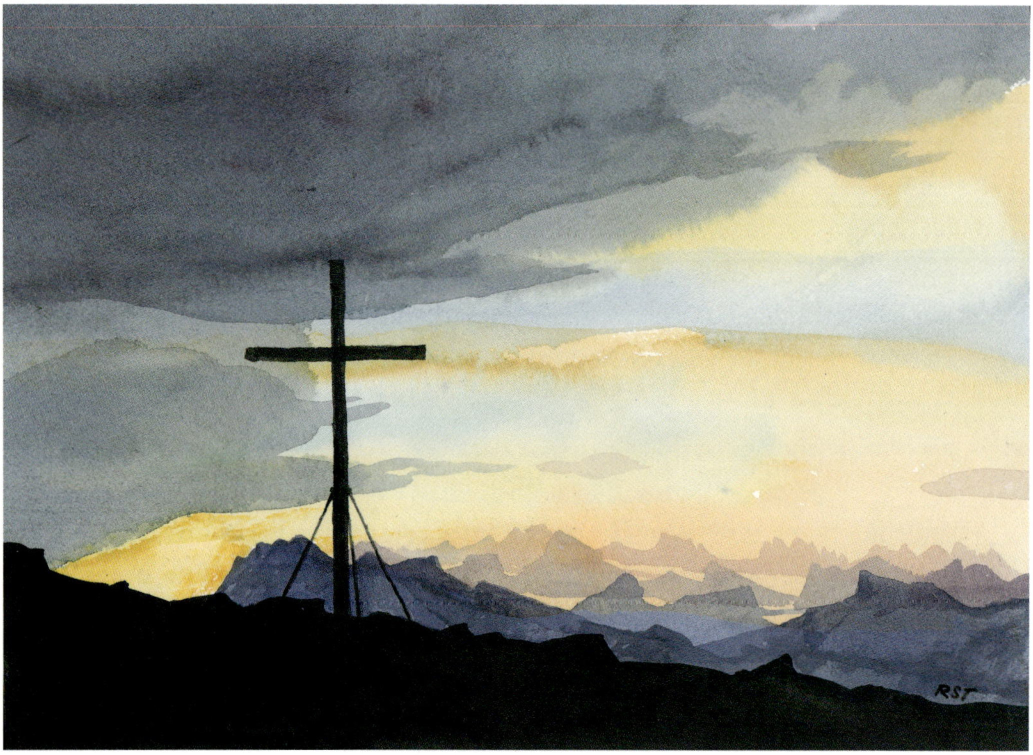
RST

behaupten, dass alles absurd sei? Aus solchen Überhängen führt keine Route mehr nach oben. Ich glaube nicht, dass auf den Gipfeln sehr viele Menschen in dieser düsteren Grundstimmung stehen. Wenn es keine Gläubigen sind, dann sind es doch Sucher. Und das ist schon sehr viel.

Das Gipfelkreuz, das auf so vielen Bergen unserer Heimat steht, deutet den letzten, allumfassenden Sinn aller Wege: die erlösende Liebe des Unendlichen. Und darum sagt ein Gipfelkreuz viel mehr als ein Vermessungszeichen, das mir mit nüchterner Exaktheit mitteilt, dass ich mich nunmehr auf 3354 m Seehöhe befinde …

Veröffentlicht 1986 in „Botschaft der Berge".

DAS GROSSE „JA"

Das ganze Universum, die Heilsgeschichte, die Heilige Schrift hallen wider vom großen „Ja" Gottes. Es beginnt schon bei der Schöpfung, wo der Ewige zu allem, was wird, seinen bejahenden Gruß ausspricht: „Und Gott sah, dass es gut war …" Und dieses „Ja" schwingt im Worte Jesu: „So sehr hat Gott die Welt geliebt, dass er seinen einzigen Sohn dahingab …" Das „Ja" Gottes weht noch durch die letzten Seufzer am Kreuz und es strahlt aus dem Friedensgruß des Auferstandenen. Dieses „Ja" Gottes fordert das „Ja" unseres Herzens heraus. Das Christentum ist eine „Ja"-Religion. Freilich ist dieses „Ja" ein „Trotzdem-Ja", zu dem man sich auf dem Hintergrund von Zweifel, Unsicherheiten, Traurigkeit und Schuld durchringen muss. Und dieses „Ja" schließt auch immer wieder ein „Nein" ein, nämlich das zum Bösen. Aber ich glaube, dass man dieses „Nein" sehr schwer sagen kann, wenn kein „Ja" im Herzen schwingt. Wenn ein schwieriges „Nein" gesagt werden muss, kann man es eigentlich nur jemandem zuliebe sagen. Das gilt schon für jedes Kind.

Das tiefste „Ja" muss das zu Gott hin sein. Ich möchte allen wünschen, dass dieses Urvertrauen, diese „Ja"-Haltung zu Gott hin neu aufblüht. Wer sie im Herzen erfährt, weiß, was der Glaube wert ist.

Das „Ja" der Solidarität

Unsere gesellschaftliche Situation erfordert ein bewusstes „Ja" des Mitgefühls und der Mitverantwortung zum anderen hin. Natürlich gilt das zunächst für den engeren Kreis der Menschen, mit denen wir unmittelbar das Leben teilen. Aber heute muss dieses „Ja" darüber hinausgehen. Wir spüren doch alle, dass sich unter dem Druck wirtschaftlich schwierigerer Zeiten Egoismen, Rücksichtslosigkeiten und reine Privatinteressen ausbreiten. Und so wächst die Gleichgültigkeit gegenüber denen, die im Schatten leben. Es gibt sie immer, die „Stillen im Lande", die sich nicht gut artikulieren können und über keine besonderen Beziehungen verfügen, die um ihren Arbeitsplatz im bedrängten Betrieb, um ihre Wohnung, ihre Rückzahlungen, ihre Zukunft, ja auch um ihr tägliches Auskommen bangen müssen. Wenn wir nicht immer wieder das weite „Ja" der Solidarität in unseren Herzen tragen, mit allen Konsequenzen, die es bedeutet, dann können wir die Probe unserer Zeit nicht bestehen. Dieses „Ja" der Solidarität macht uns ja erst zu einem Volk, und ohne dieses „Ja" wären wir nur ein bunter, wilder Haufen von Egoisten.

Das „Ja" zur Kirche

Auch wenn ich um ein „Ja" zur Kirche bitte, die immer noch die seine, nämlich die Kirche Christi ist, ist mir bewusst, dass dieses „Ja" für viele nicht ganz selbstverständlich ist. Es geht im Trend der Zeit, die von Institutionen ganz allgemein nicht viel hält, leicht verloren. Selbst bei bewussten und engagierten Christen kann dieses „Ja" in Missmut, Kritik und Ungeduld untergehen. Aber wir müssen es einfach durch alles Menschliche hindurch sagen. Es weht doch auch tausendfaches und liebenswertes Gutes durch diese Kirche. Sagen wir also unser „Ja" in der konkreten Arbeit der Pfarrgemeinden und Gemeinschaften! Sagen wir es in den vielen Initiativen für Hilfsbedürftige, Einsame, Behinderte, Kranke, Sterbende, Flüchtlinge und Hungernde, sagen wir das „Ja" in unseren Gottesdiensten, im Gebet und in der Musik. Sagen wir es auch zu dem vielen guten Willen, der in den Gremien unserer Diözese aufbricht. Und wenn irgendwo in einem Herzen der Gedanke an einen geistlichen Beruf aufkeimt, den das Reich Gottes ja so dringend braucht, dann möchte ich auch zu diesem leisen „Ja" ermutigen!

Das „Ja" zur Demokratie

Auch unser Gemeinwesen kann ein „Ja" dringend brauchen. Der erste Petrusbrief, der die Christen zu einer konsequenten Haltung in einer pluralistisch-heidnischen Welt aufruft, sagt trotzdem „Ja" zum damaligen römischen Staat, der wahrhaftig mehr Schönheitsfehler hatte als der unsere. Dieses so notwendige „Ja" zum Staat und seinen Institutionen wird untergraben, wenn überbordende Kritik, Aggression und Derbheiten den Ton angeben. Manchen ist nicht wohl, wenn sie nicht jeden Tag eine Fuhre Jauche auf die Wiesen der Öffentlichkeit fahren können. Was soll da noch wachsen? Natürlich lebt eine Demokratie auch von der Kritik – aber sie braucht auch eine Kultur der Kritik. Demokratische Autoritäten benötigen Kontrolle, aber sie brauchen auch ein Mindestmaß an Respekt. Wenn das verweigert wird, werden sich immer mehr redliche und sachkundige Menschen weigern, in der Politik tätig zu sein. Der bloße christliche Hausverstand müsste uns verpflichten, das „Ja" zu unserem Rechtsstaat zu sagen, trotz seiner Schönheitsfehler. Denn als Alternative wartet nur die Diktatur, die Herrschaft der großen Sprüchemacher und Gewaltmenschen. Vielleicht müsste uns für dieses „Ja" zu unseren demokratischen Gemeinden, unserem Land und unserem Staat auch so etwas wie eine Dankbarkeit bewegen. Dieses Gemeinwesen hat uns immerhin die besten Jahrzehnte unserer Geschichte beschert.

Das „Ja" zur Freude

Und noch ein „Ja": Es ist wie ein kleiner heller Sonnenschein, der über die Wasser der Zeit huscht und da und dort eine Welle aufblitzen lässt. Es ist das „Ja" zur Fröhlichkeit und zum Humor. Beides gehört zum Christen, sozusagen als Ausweis seiner Echtheit. Mir ist immer aufgefallen – in der Kirche und in der Welt –, dass der Fanatismus und die Enge die Gesichter versteinern und verfinstern. Wir dürfen doch nicht Christus zum Lügner machen, der gesagt hat, er wolle, dass seine Freude in uns und damit unsere Freude vollkommen sei (vgl. Joh 15,11).

Hirtenbrief vom 15. Februar 1994; veröffentlicht 2015 in „Der heilige Geist und das Auto".

VON WERTEN UND WORTEN

Der Ruf nach „Werten" ist heute in aller Munde, bei Rednern und Predigern, Politikern und Erziehern, Schriftstellern und Zeitkritikern, Leitartiklern und Bischöfen. Man spricht von Wertverlust und Wertdefiziten und das geht hinein bis in die Debatten über Demokratie und Parteiprogramme, Europaverfassung und UNO-Reform. Und weil das Wort vom Wert so oft gebraucht wird, bekommt es manchmal einen phrasenhaften Beigeschmack. Man zählt ja in diesem Zusammenhang lauter schöne Dinge auf, Haltungen, Einstellungen, Güter, Tugenden – aber manchmal hat man doch das Gefühl, dass mit dem Aufzählen und Sagen allein noch nichts zum Wert wird, sondern eben oft ein Wort bleibt.

Darf ich diese kleine Betrachtung mit einem Hinweis beginnen, der Ihnen allen vertraut ist? Sie haben alle in größerem oder kleinerem Maße Wertsachen – Juwelen, Broschen, von der Großmutter geerbten Schmuck, ein Medaillon, Brillantohrringe … Allen diesen Dingen ist Folgendes zu eigen: Sie kosten Geld oder haben Geld gekostet. Und sie rangieren nicht beim billigen Hauskram. Man bewahrt sie nicht in Papiertüten oder Plastiksäcken auf, sondern in Etuis.

Wenn wir von menschlichen, ethischen, ästhetischen oder religiösen Werten sprechen – dann gleichen sie in diesen beiden Punkten den Wertsachen. Das heißt zunächst, dass Werte etwas kosten. Werte gibt es nie zum Nulltarif. Worte können sehr billig sein und mit dem Ton verwehen. Werte bleiben ins Herz eingegraben – oder sie sind nicht. Soziologisch nüchtern betrachtet sind Werte immer etwas, wofür man bereit ist, Mühe, Zeit und Geld aufzuwenden und anderes zurückzustellen. Werte haben also immer ein Preisschild.

Das Zweite, worin die hier angesprochenen humanen Werte den Wertsachen zu Hause gleichen, ist die Tatsache, dass man für sie Etuis braucht. Humane Werte bewahrt man nicht in den Plastiksäcken der Oberflächlichkeit und den Papiertüten der Gleichgültigkeit auf. Menschliche, lebenstragende Werte brauchen Etuis. Ich erlaube mir, auf das eine oder andere Etui hinzuweisen – und ich tue das deshalb, weil der Wertverlust sehr oft mit dem Wegwerfen der Etuis beginnt.

Ein solches Etui ist die *Ehrfurcht*. Auch dieses Etui hat einen Sicherheitsverschluss, nämlich den einer gewissen Demut, die um die eigenen Grenzen und die Tiefendimension des Daseins weiß. Und das Etui der Ehrfurcht ist ausgepolstert mit dem Samt eines Gefühls für Würde. Als ich vor Jahren die deutschsprachige pädagogische und psychologische Literatur zum Thema „Erziehung zur Ehrfurcht" zusammengestellt habe, war dieses Unternehmen von mäßigem Erfolg begleitet. Eine empirisch-rationalistisch-nützlichkeitsbesessene Erziehungswissenschaft hatte für Dinge wie „Ehrfurcht" keine Schublade. Vielleichts ist's heute besser, aber ich wage das zu bezweifeln.

Ein zweites, aus der Mode kommendes Etui ist der Sinn für *Intimität*. Dieses Etui hat den Sicherheitsverschluss einer gewissen Verschwiegenheit und ist mit dem Samt der Diskretion und der Einfühlung ausgepolstert. In der so genannten Informationsgesellschaft – vor allem jener Sparte, die uns mit billigen Sensationen und unzähligen Belanglosigkeiten überschüttet – ist dieses Etui schon längst auf dem Müllhaufen gelandet. Man brüstet sich lieber mit tabuloser Transparenz und so genannter schonungsloser Offenheit – auch dort, wo es um des Allgemeinwohls willen wirklich nicht nötig wäre, sondern nur der prickelnden Sensation dient. Paparazzi und Schlafzimmerschnüffler sind mit dem Etui der Intimität abgefahren.

Ein drittes Etui für humane Werte möchte ich noch erwähnen, das so aus der Mode gekommen ist, dass man es fast nur im geistigen Antiquitätenladen findet. Ich meine das *Schamgefühl*. Ich muss natürlich zugeben, dass der Sicherheitsverschluss dieses Etuis häufig verklemmt war und man es deshalb weggeworfen hat. In Bezug auf das Schamgefühl hat es im Sexualbereich zweifellos Verklemmtheiten bis zu neurotischen Störungen gegeben. Nun – heute sind diese Verklemmungen eher den

Enthemmungen gewichen, die auch wieder für die seelische Gesundheit bedenklich sind, wie Anna Freud festgestellt hat. Aber lassen wir einmal den mit dem Wort Schamgefühl für viele verbundenen Sexualbereich etwas beiseite und sprechen wir vom weiten Reich menschlicher Werte: Wenn ein Mensch den anderen betrügt, ist das eine bedauerliche Entgleisung. Aber wenn er sich überhaupt nicht mehr schämt, andere über den Tisch zu ziehen, dann ist er ein Lump. Wenn man sich nicht mehr schämt, selbst immer mehr einzustreichen und andere ins Out zu stellen – dann ist das soziale Gefüge zutiefst bedroht – durch den Verlust des Schamgefühls.

Ehrfurcht, Sinn für Intimität, Schamgefühl – das sind Beispiele für die Etuis jener Wertsachen, die man nicht in der Kommode oder dem Tresor, sondern im Herzen aufbewahrt.

Aber nun müssen wir uns überlegen, wie eine gute Sache vom Wort zum Wert wird. Wenn ich jetzt einige Phasen der Wertwerdung aufzähle, dann bitte ich das nicht so zu verstehen, als würden diese Stufen auch im Alltag zeitlich hintereinander verwirklicht. Das Leben flicht diese Elemente ineinander. Aber es ist sinnvoll, sie einmal einzeln zu betrachten.

1. Theoretische Werterkenntnis

Darf ich die Sache an einem ganz neutralen Beispiel darlegen?

Da sagt einer: Sport ist eine gute Sache. Er ist wichtig für die Gesundheit, wir brauchen ihn als Ausgleich für das bequeme Leben der Zivilisation. Mens sana in corpore sano: ein gesunder Geist wohnt in einem gesunden Körper, hieß es schon in der Antike. Die Jugend müsste mehr sporteln, dann käme sie nicht auf dumme Gedanken, die Öffentlichkeit müsste mehr Sportplätze bauen usw. Alles schön und gut und es wird tausendmal gesagt. Aber ist der Betreffende, der das sagt, deswegen schon ein Sportler? Er erkennt den Sport theoretisch als wertvoll. Das ist schon etwas. Aber deshalb könnte er privat doch das Bierglasl, die

Hauspatschen und den Fernseher als wichtigste Sportgeräte betrachten. Im Bereich der theoretischen Werterkenntnis kann die Versuchung zum großen Gerede sehr leicht über die Bühne gehen. Damit will ich nicht sagen, dass der kritische und unterscheidende Hausverstand bei der Bildung menschlicher Werte keine Bedeutung habe. Wir brauchen die Nachdenklichkeit und das Hinter-die-Dinge-Schauen, weil wir ja die Werte nach ihrem Gewicht prüfen müssen. Es gibt ja eindeutig Wertstufen: vitale Werte, ökonomische Werte, kulturelle Werte, ästhetische Werte, moralische Werte, Werte der Mitmenschlichkeit, Werte eines positiven Lebens- und Weltgefühls, religiöse Werte ... Wer Werte nicht kritisch ordnen kann, läuft Gefahr, dass dieser Lift der Werte ziemlich weit unten blockiert ...

Denken wir nur daran, wie viel „Idealismus" missbraucht wurde, indem ein niederer Wert verabsolutiert wurde. Streng genommen besteht ja das eigentliche Heidentum darin, dass man einen beschränkten, vorläufigen, irdischen, relativen Wert zu Gott macht. Es muss ja nicht so massiv sein wie einst, als mich ein Gestapomann angebrüllt hat: „Was ist größer, der Staat oder Gott?" Ich habe dann gesagt, dass Gott doch ein wenig früher dagewesen wäre als der Staat. Aber er hat darauf bestanden: Der Staat ist das Höchste ...

Also: Die theoretische Werterkenntnis hat schon eine Bedeutung auch bei einer Sache wie dem Sport. Alle großen Sportwissenschaftler haben in ihren Standardwerken auch einen Abschnitt über Sportethos. Da habe ich zum Beispiel den bemerkenswerten Satz gefunden, dass der Sport immer dem Menschen zu dienen habe. Wenn also eine Kampfsportart auf die Schädigung des Gegners aus ist, dann handle es sich nicht mehr um Sport, sondern um Gladiatorenkämpfe. Eine bemerkenswerte Erkenntnis, die sich bei manchen Sportsendern bis heute nicht durchgesprochen hat.

Aber die rein theoretische Werterkenntnis macht unseren Freund noch nicht zum Sportler. Da braucht es etwas mehr.

Bödensee mit Blick auf den Zwölfer – Sextener Dolomiten

2. Praktisches Wertsehen

Da sagt sich nun unser Mann Folgendes: „Wenn ich so meinen Cholesterinspiegel betrachte und meine Bequemlichkeit vom Sessel zum Auto und vom Auto zum Sessel und vom Sessel ins Schlemmerrestaurant – dann muss ich mir sagen: Ich müsste etwas tun. Ich stinke so still vor mich hin und werde sehr früh Kreislaufprobleme bekommen. Ich muss Bewegung machen." Damit bekommt das Thema Sport für unseren Freund eine existenzielle Schlagseite. Es geht ihn persönlich etwas an. Das ist ein wichtiger Schritt – praktisches Wertsehen. Ein Sportler ist er mit diesem „möchte schon" zwar noch nicht, aber er steht sozusagen in den Startlöchern.

3. Wertfühlen

Damit kommen wir zu einem ganz wichtigen Punkt. Es gibt keine Werterfahrung ohne Gefühl, ohne Emotion. Wir haben das ja schon bei den Etuis gesehen: Es sind grundlegende gemüthafte Prägungen, die den Menschen erst wertfähig machen. Gemütsarmut ist immer gekoppelt mit Wertarmut. Über den Level der Werte sagen Intelligenzquotient und akademische Grade noch nichts aus. Auch die forensische Psychologie, die Seelenkunde im Gerichtssaal, weiß davon: Der Gemütsarme ist der Gewissenlose. Mit Belehrung und intellektueller Leistung schafft man noch keinen besseren Menschen. Das war und ist der große Irrtum der Aufklärung. Schon vor 20 Jahren hat das Wissenschaftsgremium des Club of Rome als wichtigstes Lernziel für eine humane Zukunft die *Empathie* bezeichnet, die Fähigkeit zur Einfühlung, also einen ausgesprochenen Gemütswert. Man muss sich daher die Bedeutung der Gemütsbildung immer vor Augen halten. Die raffiniertesten Wunderwerke der Informationstechnik schaffen noch keine Gemütskultur und kein humaneres Dasein. High-Tech ist großartig, aber nicht einfach identisch mit High-Humanity. Menschliche Werte brauchen Herz.

Gehen wir in der Frage des Wertfühlens zurück zu unserem Sportsfreund. Er wird eines Tages von einem Bekannten eingeladen, der ein begeisterter Bergsteiger ist und ihm seine wunderbaren Dias zeigt. Da spürt er, wie die Begeisterung auf ihn überspringt. Er fühlt, dass ihm bei seinem Lebensstil doch wunderbare Dinge verloren gehen. Er beneidet seinen Freund. Die Sache bewegt sein Herz. Aber deshalb ist er trotzdem noch kein Bergsteiger.

4. Praktische Werterfahrung

Und nun lädt ihn der Freund zu einer Tour ein. Es wird ein einmaliges Erlebnis. Es ist zwar mühevoll (es gibt eben keine Werterfahrung ohne Mühe – denken wir an das Preisschild!), in diesem Fall verlangen der Hüttenanstieg über die langweiligen Moränen, der schwere Rucksack und die zermürbenden Serpentinen ihren Tribut. Auch die Nacht auf der Höhe bringt keinen guten Schlaf. Aber dann – der Aufstieg durch den Bruch im Hellerwerden, die Morgensonne über den Gletschern und der große Gipfel mit dem Weitblick – das alles gräbt sich tief ein. Es sind Bilder, zu denen das Herz immer wieder zurückkehren wird wie zu einer heimlichen Privatgalerie der Erinnerung.

Jetzt hat unser Mann den Wert des Bergsports praktisch erfahren. Er kennt ihn nicht mehr nur aus zweiter Hand. Jetzt ist die Sache nicht nur in der Imagination, in irgendeiner Wunschvorstellung. Jetzt weiß er um sie. Aber ist er deshalb schon ein Bergsteiger? Nein, er hat sozusagen erlebnismäßig nur geschnuppert und damit einen entscheidenden Schritt zur Werterfahrung getan. Aber damit dieser Wert „Bergsport" in ihm tragend und lebensformend bleibt, braucht es noch mehr.

5. Wertverankerung durch die wiederholte Werterfahrung

Nun beginnt unser Freund mit dem Bergsteigen. Er schafft sich die Ausrüstung an, geht zum Alpenverein, zahlt den Mitgliedsbeitrag, macht einen Kurs mit. Er nimmt sich hie und da Zeit, mit Gleichgesinnten auf Tour zu gehen, sammelt Erlebnisse, Begegnungen, Eindrücke. Er legt sich eine gewisse alpine Erfahrung und Fitness zu. Das Bergwandern und Bergsteigen wird ein Teil seines Lebens. Und damit ist er jetzt ein Bergsteiger, ein Sportler. Der Wert ist durch Wiederholung in ihm verankert. Natürlich muss er im Sinn der theoretischen Werterkenntnis aufpassen, dass der Berg in der rechten Ordnung der Werte bleibt. Wenn er seine Frau Wochenende für Wochenende zu Hause sitzen lässt, sich um die Kinder nicht viel kümmert, den Beruf vernachlässigt, alle Vorsicht beiseitelässt und nur noch Kanten, Wände, Durchquerungen, Überschreitungen und Tourenbuch im Kopf hat, dann wäre er wieder kein rechter Sportler und Bergsteiger, sondern eben ein Schrofentrottel, wie man das in Tirol nennt. Es gibt eben Größeres als den Berg.

Das sind die Elemente der Wertgewinnung im Menschen: theoretische Werterkenntnis, praktisches Wertsehen, Wertfühlen, reale Werterfahrung und wiederholte Werterfahrung. Wir erkennen sofort, dass „Wert" etwas ist, was unsere Existenz, unsere Person, unser Herz, unser Gewissen und unser Leben angeht – und darin unterscheidet sich eben der Wert vom bloßen Wort. Mit dem Wort nennt man etwas, mit dem Wert bekennt man sich zu etwas.

Sie verstehen sicher, dass ich diese Wertwerdung beim Bergfreund auch mit jedem anderen Wert durchspielen könnte – mit der Hilfsbereitschaft, der Einfühlung, der Partnerschaft und dem religiösen Wert. Vielleicht hat sich jemand gedacht, dass ich als alter Bischof da nicht gerade besonders fromm gesprochen habe. Aber wissen Sie – das Bemühen um ethische, tief menschliche Werte ist immer in der Nähe Gottes. Wenn ich in unserer Welt Initiativen aufbrechen sehe, die sich um Helfen und Lindern, Heilen und Fördern bemühen – und ich habe das oft erleben dürfen –, dann fällt es mir immer wieder leichter, trotz aller Dunkelheiten und Ungereimtheiten dieser Erde daran zu glauben, dass hinter allem eine unbegreifliche, gewaltige Liebe steht, die alles umfängt und die einmal siegen wird.

Der Hosenknopf

Und jetzt möchte ich zur Stärkung des Gedächtnisses noch mit einem etwas skurrilen Vergleich schließen.

Ich vergleiche den Wert mit dem Hosenknopf. Der Hosenknopf ist ein tragendes Element unserer Bekleidung, so wie der Wert ein tragendes Element der Gesellschaft ist. Man könnte den Vergleich auch noch weiterspinnen und festhalten, dass eine wertarme Gesellschaft moralisch sozusagen die Hosen verliert …

Ich stelle also fest: Hosen brauchen Knöpfe. Das wäre die objektive, allerdings nicht gerade weltbewegende theoretische Werterkenntnis, auch wenn sie mit Pathos vorgetragen wird. Ich sage nun weiter: Meine Hose braucht einen Knopf. Denn hinten ist einer verloren gegangen und nun trägt der andere die ganze Verantwortung. Das wäre das praktische Wertsehen. Die Sache berührt mich.

Ich bin nun auf der Suche nach einem Ersatzknopf im reichen Sortiment des Knopfgeschäftes. Und ich finde den Idealknopf, schön und passend. Er verspricht ein neues Knopf- und Sicherheitsgefühl: Wertfühlen. Und nun nähe ich den Knopf mit einem Stich an. Er sitzt. Er nimmt sich auch ganz gut aus. Aber er wird nicht lange halten mit nur einem Stich: einmalige Werterfahrung.

Und dann mache ich es so, wie ich es bei meiner Mutter gelernt habe: hinauf und hinunter und kreuz und quer und wieder hinauf und andersherum kreuz und quer und umwickeln und noch einmal durch und einen Knoten – fertig. Jetzt sitzt der Knopf fest und wird seine Aufgabe als tragendes Element in einem Hosenleben erfüllen: die wiederholte Werterfahrung oder Wertverankerung.

So wünsche ich Ihnen eine ganze Menge schöner, gut sitzender, mühevoll und mit Hingabe angenähter, tragfähiger und belastbarer Hosenknöpfe.

Veröffentlicht 2016 in „Mit Leben anstecken".

INTERVIEW MIT DEM HUMOR

I: Es ist für mich eine besondere Freude, mit Ihnen, Herr Humor, einmal persönlich sprechen zu dürfen. Sie haben mir das Leben so oft leichter gemacht, dass ich dieses Gespräch mit einer tiefen Dankbarkeit beginne. Sie waren immer wieder da – bei den Kinderspielen, bei den Lügengeschichten meines Großvaters, als Ventil im Alltag des Gymnasiums, in Büchern, Liedern und Komödien, in den Fernsehconférencen von Farkas und Waldbrunn, sogar in der an sich humorlosen Atmosphäre der Wehrmacht, ja auch in Augenblicken würdevoller frommer Feierlichkeit (da sind Sie ja besonders gefährlich!) bis hinein in sehr, sehr dunkle Stunden … Sie waren immer wieder da. Ich bin Ihnen also zu aufrichtigem Dank verpflichtet. Ihr kleiner Blitz ist überall hineingefahren und hat das Leben erträglicher gemacht. – Und jetzt habe ich Sie also vor dem Mikrofon und darf Sie ein wenig aushorchen …

Humor: Aber seien Sie vorsichtig. Man zerredet mich leicht. Ich bin mehr ein spontaner Typ und kein besonderer Freund allzu hintergründiger Analysen.

I: Aber ich hoffe, Herr Humor, dass Sie das Interview mit Humor ertragen!

Humor: Sie nehmen mich beim Wort. Irgendwo ist es ja ein Witz, dass sich ein Bischof mit mir befasst. In den höheren Etagen der Kirche war ich kaum je ein besonderer Gegenstand des Interesses … Ich feiere eine Premiere.

I: Darf ich zur Sache kommen. Herr Humor, manche Leute sagen, Sie seien eigentlich nur das Ergebnis einer guten Verdauung und einer angeborenen Lustigkeit.

Humor: Das ist schon der zweite Witz. Darf ich Sie daran erinnern, dass große Komödianten und berühmte Clowns privat oft recht seriöse und ernst zu nehmende Charaktere waren? Bei mir ist es ähnlich. Ich möchte Menschen zum Lächeln und zum Lachen bringen, aber das heißt nicht, dass ich bei jedem Gelächter dabei bin. Manche suchen mich in der falschen Ecke.

Ich bin zum Beispiel nicht anwesend, wenn irgendeine zynische Revolverschnauze mit ordinären Bonmots eine Sendung füllt. Ich habe auch nichts mit jener merkwürdigen Art von Hochstimmung zu tun, die sich in Fluten von Alkohol tummelt, was man im Fachausdruck dann „die Sau rauslassen" nennt. Ich sitze gerne bei einem Karikaturisten mit feiner, spitzer Feder, aber mit den plump vernichtenden, menschenverachtenden Zerrbildern habe ich nichts am Hut. Ich muss das vorausschicken, damit man nicht glaubt, ich sei bei jeder so genannten „Lustigkeit" anwesend. Von manchen Formen des Grinsens, Brüllens und Grölens bin ich weit entfernt. Das nur zur Klärung.

I: Sie haben in der Menschheit eine lange Geschichte. Sie waren ja schon mit dem ersten Kinderlachen da. (Wissen Sie übrigens, dass Kinder unter halbwegs normalen Umständen dreimal so viel lächeln wie Erwachsene?)

Humor: Ich weiß. Kinder sind meine besten Kunden. Eigentlich wäre das ein Hinweis des Schöpfers, dass er mich bei den Menschen haben will. Ich denke ja über mich selbst nicht viel nach. Ich lebe im Allgemeinen in einer Welt spontaner Unbekümmertheit. Es hat mich aber doch sehr gefreut, dass der bekannte Psychologe Philipp Lersch von mir einmal gesagt hat, ich sei „ein Gruß ans Dasein". Ich war deshalb angerührt, weil ich ja eigentlich doch bemüht bin, durch alle Armseligkeit und Fragwürdigkeit des Lebens ein Licht der Hoffnung zu tragen. Ich meine nicht in der plump-läppischen Art, mit der man sich durch Sprüche wie „Es geht alles vorüber" oder „Es wird schon nicht so schlimm werden" über die Realität hinwegschwindelt. Nein, ich möchte, dass ein zartheller Schimmer am Horizont die Schatten etwas relativiert und gelassener betrachten lässt. Ich habe das von meinen Eltern mitbekommen.

I: Ihre Eltern?

Humor: Ja – Sie werden sich wundern –, aber es ist kein Witz: Meine Mutter ist die hintergründige Hoffnung, die unverdrossen durch alle Fragezeichenwälder dieser Welt wandert. Als gläubiger Christ müssten Sie ja Verständnis für die Vorstellung mitbringen, dass hinter allem, manchmal von Wolken verdunkelt, ein unendliches Lächeln über dieser Welt schwebt.

Mein Vater ist der Realismus. Er hatte immer schon einen scharfen Blick für die Schwächen und Unzulänglichkeiten des Menschen und hat sie ganz gern aufs Korn genommen. Aber die Mutter hat immer aufgepasst, dass die Kritik nicht böse oder vernichtend wird. In diesem Zwischenbereich bin ich aufgewachsen. Ich bin sozusagen ein Kind des Hell-Dunkels.

I: Haben noch andere Persönlichkeiten Ihr Wesen mitgeprägt?

Humor: Ja, meine Großmutter. Sie wissen – Omas können einen sehr maßgebenden Einfluss auf ein Kind ausüben. Ich habe mich mit meiner Großmutter immer sehr verbunden gefühlt und kann sie aus meiner Entwicklung kaum wegdenken. Meine Großmutter ist die seelische Gesundheit. Sie ist natürlich etwas relativ – irgendeine Schlagseite haben wir alle. Die seelische Gesundheit ist ein großes Geschenk. Man kann sie auch verscherzen, wenn man einen völlig falschen Lebensstil wählt. Aber ich darf mir schmeicheln: Wenn ich bei einem belasteten Menschen aufblitze, ist das immer auch ein Hoffnungsstrahl für eine Besserung.

Ich werde natürlich in Welt und Kirche nicht zu Rate gezogen, wenn es um Personalfragen geht. Wenn ich etwas zu sagen hätte, würde ich davor warnen, menschenführende Posten mit humorlosen Leuten zu besetzen. Wo ich nicht landen kann, tun sich andere Qualitäten auch schwer. Mit dieser Erfahrung käme ich in entscheidenden Gremien nicht leicht durch. Humorlose Menschen können sehr tüchtig und ehrgeizig sein, richtige „Macher".

Es gab einmal in der Kirche einen sehr liebenswürdigen Mann, der sozusagen mein Patron ist, ein Seelsorger namens Philipp Neri. Er soll einmal gesagt haben: „Ein Heiliger, der traurig ist, ist ein trauriger Heiliger …"

I: Sie haben eben gesagt, dass es Bereiche gibt, wo Sie nicht landen können. Wo bleibt Ihnen der Zutritt versperrt?

Humor: Zum Beispiel im Nihilismus. Wenn ein Mensch im Grundgefühl vollständiger Sinnlosigkeit lebt, kann er keinen Humor haben. Da bleibt nur die finstere Entschlossenheit, im Absurden weiterzuleben. Bei solchen Menschen treten dann an meine Stelle zwei Figuren, mit denen ich nichts gemeinsam habe: der Zynismus und der Sarkasmus. Beide kommen aus der Familie der „kalten Gefühle". Wir sind nicht einmal entfernt miteinander verwandt. Sie können sehr geistreich sein – Fröhlichkeit schaffen sie nicht. Jean-Paul Sartre, der große Philosoph des Absurden, hat zwei Lustspiele geschrieben. Aber diese Theaterstücke entlassen keine lächelnden Menschen.

I: Gibt es für Sie noch andere Sperrgebiete?

Humor: Den Fanatismus. Alle Fanatiker, gleichgültig welcher Richtung, haben die Humorlosigkeit als Vereinsabzeichen. Ich vertrage mich mit dem Fanatismus schon deshalb nicht, weil er etwas tut, was ich vom Erbe meiner Eltern her einfach nicht kann: Er verfinstert die Welt und schickt den Hausverstand auf Dauerurlaub. Außerdem verabsolutiert er immer Zweitrangiges. Und das ist so verhängnisvoll, dass es nicht einmal ein Witz ist. Ich nehme nämlich Vorläufiges nie ganz ernst.

I: Haben Sie hie und da auch im kirchlichen Raum Schwierigkeiten?

Humor: Im Großen und Ganzen nicht. Eine gesunde Gläubigkeit hat sehr gute Voraussetzungen für mich. Höchstens kann sich mir ein zu hoch entwickeltes Würdebewusstsein entgegenstellen. Aber unter uns gesagt – so schlimm ist das auch nicht. Es liefert mir nämlich sehr viel Material – und darum bin ich auch froh. Wer die Nase zu hoch trägt, kann mich nicht mehr wahrnehmen. Aber er wird eben ein Witz in sich.

I: Um bei der Kirche zu bleiben, würden Sie sagen, dass Sie für die Seelsorge eine positive Bedeutung haben?

Humor: Das darf ich mit aller Bescheidenheit behaupten, auch wenn ich selbstverständlich nur eine Nebensache bin. Die Verkündigung ist keine Witzesammlung, aber ein humorvolles Nahebringen hat sehr oft viel mehr Chancen als lange Predigttiraden mit moralischen Hammerschlägen. Ich bin in der Pastoral und in der Schule die kleine Würze, der „Pfiff" im geistlichen Menü, der Schuss Kognak in der Soße der Frömmigkeit, das Dressing des moralischen Salats, der Aperitif für wesentlichere Botschaften. Und jetzt füge ich noch einen komplizierten Satz zum Nachdenken hinzu:
    Wenn man das relativiert, was nicht ganz ernst zu nehmen ist, dann besteht die Hoffnung, dass das, was ernst zu nehmen ist, von Ernstzunehmenden ernst genommen wird … Haben Sie verstanden?

I: Ich bemühe mich, Ihnen zu folgen, nach dem Maß meiner bescheideneren Geistesgaben … Aber, um wieder ernst zu werden, noch eine Frage: Wird es Sie auch im Himmel geben, Herr Humor?

Humor: Sie meinen, so mit augenzwinkernden Bemerkungen, getuschelten Witzen, Karikaturen von Seligen, Engelkabaretts und Ähnlichem? Ich glaube nicht. Ich bin ein Erdenbewohner, angesiedelt zwischen der menschlichen Fragwürdigkeit und der dämmernden Hoffnung. Wenn es keine Fragwürdigkeit mehr gibt, weil alles Fragwürdige im Abgrund versinkt, und keine Hoffnung, weil die Riesenwoge der Freude alle Hoffnungen erfüllt – dann braucht es mich nicht mehr. Ich habe ausgedient. Daran ändern auch die unzähligen Himmelswitze nichts.

I: Die aber trotzdem sehr vergnüglich sein können. Haben Sie einen auf Lager?

Humor: Sie stammen doch aus dem Vinschgau?

I: Ja, väterlicherseits.

Humor: Wissen Sie, was sich vor der Himmelstüre zugetragen hat, wie ein Pusterer, ein Burggräfler und ein Vinschgauer zufällig gleichzeitig gestorben sind und in den Himmel wollten?

I: Nein.

Humor: Da hat also Petrus zu verstehen gegeben, dass das nicht so einfach ginge. Er müsse die Sache überprüfen. „Hast du", hat er zum Pusterer gesagt, „einmal gelogen?" „Wär möglich, beim Viehhandel", hat der Pusterer gesagt. „Los – eine Runde um den Himmel, dann darfst du hinein!", hat Petrus gesagt und wendet sich an den Burggräfler: „Und wie war's bei dir mit dem Lügen?" „Beim Weinpantschen, wär möglich", gesteht der Burggräfler. „Los – zwei Runden um den Himmel, dann darfst du hinein! Und wo ist der Vinschger?" Sagt der Burggräfler: „Der ist gerade hinuntergegangen, das Moped holen …"

I: Das wäre also auch so ein Himmelswitz, der über den Himmel nichts sagt …

Kastelbell, Vinschgau

Humor: Deswegen habe ich ihn auch nicht erzählt. Ich wollte Ihnen damit nur sagen, dass Sie aufpassen müssen, dass bei Ihrem Geschäft als Interviewer Ihre Erbanlagen nicht zu sehr durchschlagen …

I: Ich werd's beherzigen. Herr Humor, danke für das Gespräch!

Veröffentlicht im Jahr 2000 in „Werte im Wellengang".

INTERVIEW MIT DER HERZLICHKEIT

I: Man hat als Reporter sehr oft mit bedeutenden Persönlichkeiten zu tun, die Respekt verdienen und Würde ausstrahlen – und zwangsläufig auch ein wenig Distanz, die man dann im Gespräch erst überwinden muss. Da ist es natürlich wohltuend, wenn einem ein Gesprächspartner von vornherein das unkomplizierte „du" anträgt. Liebe Herzlichkeit, ich danke dir dafür.

Die Menschen sind ja froh, dir zu begegnen. Du bist so etwas wie die Verantwortliche der „Public Relations" der Menschlichkeit. Wo du auftrittst, ist sie nicht weit. Es gibt vielleicht ein paar Überkritische, die dir unterstellen, dass du alles in rosarotem Gefühlsüberschwang siehst und darum einfach der Sentimentalität zuzuordnen seist.

Herzlichkeit: Also – weil man herzlich ist, muss man nicht gleich rührselig sein. Aber was ich als Voraussetzung brauche, ist eine gewisse Echtheit der Gefühle. Ich bin sehr gerne bei Kindern, Behinderten und einfachen, naturverbundenen Menschen. Aber man kann auch mit einem Doktorat und einem sehr kritischen Verstand herzlich sein. Meine eben erwähnte Verwandte, die Sentimentalität, ist leider in der Entwicklung des Gefühls etwas zurückgeblieben und harmoniert nicht ganz mit dem Verstand. Aber wenn man mich, die Herzlichkeit, einfach mit einer Woge blinden Gefühls gleichsetzt, hat man mich nicht recht verstanden.

I: Ich verstehe dich gut. Trotzdem tu ich mich schwer, wenn ich dich jetzt einer breiteren Öffentlichkeit vorstellen möchte. Man kennt dich, man liebt dich, man ersehnt dich. Du bist in unserer Zeit sogar das, was man einen Renner nennt. Die Kinder wollen alle herzliche Mütter und Väter. Im Kindergarten erhofft man sich Tanten mit Herz. In der Schule Lehrer mit Herz, die nicht nur Wissensvermittler sind; Kranke bauen auf Ärzte mit Herz, die nicht nur einen Fall behandeln. Man ist höchst erfreut, wenn man bei einem Gang zu den Behörden auf einen Beamten mit Herz stößt, der über die Paragraphen hinausschaut. Sogar in der Politik ist oft Herz gefragt – und alle Pfarrgemeinden schätzen sich glücklich, wenn sie einen Pfarrer mit Herz haben. Die blendendsten Begabungen können in der Seelsorge Herz nicht ersetzen …

Und trotzdem, wenn ich jetzt meinem Publikum erklären wollte, was im Tiefsten dein Wesen ist, tu ich mich gar nicht leicht …

Herzlichkeit: Darf ich zu diesem Thema einen kleinen Abstecher machen? Du kennst das Schloss Ambras bei Innsbruck. In diesem Schloss ist eine der schönsten Rüstungssammlungen Europas ausgestellt. Da gibt es die prächtigsten Harnische und Panzer, die allein schon von ihrer künstlerischen Gestaltung her verraten, dass die Träger den höchsten Ständen angehörten. Es gibt Reiterrüstungen, Helme und Visiere, die das Gesicht völlig verdeckten, Harnische für Riesen und für kleine Fürstensöhne, richtige Kinderpanzer. Alles blitzt und glänzt wie neu. Es ist eine wahre Pracht. Aber wenn man länger davor steht, wird man nachdenklich. Das Tragen dieser Ungetüme aus Eisen und Silber muss sehr belastend gewesen sein. Man konnte sich in diesen Panzern ja kaum bewegen. Ritter mussten aufs Ross gehoben werden, weil sie mit dieser Last gar nicht mehr allein aufsteigen konnten. Wenn man sich in die vergangenen Zeiten hineindenkt, kommt einem nicht nur Karl Valentins heiter-skurriler Gesang über die „Alten Rittersleut" in den Sinn, sondern Ernsteres. Die Panzer, Harnische, Kettenhemden, Helme und Visiere sind ein Symbol. Es gibt sie immer noch, die Plattnereien und Rüstungsschmieden. Die Welt produziert Prunkrüstungen und Kürasse am laufenden Band …

I: Ich weiß, was du meinst. Es gibt gepanzerte Seelen.

Herzlichkeit: Richtig. Man könnte sagen, dass einige Schlagworte unserer Zeit schon die Hammerschläge sind, mit denen man an der Panze-

Schloss Ambras

rung des menschlichen Gemüts arbeitet: sachlich, objektiv, emotionslos, leidenschaftslos, kühl berechnend, unpersönlich, cool … Es kann in diesen Worten manchmal auch etwas Positives stecken, aber sie sind unterwegs, die Gefühlszerreder und Gemütszerstörer. Dieser Trend ist gefährlich. Unter uns gesagt: Ich glaube, dass bei diesem Prozess auch die Überbetonung des Männlichen und die Verachtung des Weiblichen mitschwingt. Man schämt sich der Gefühle. Man will sie verstecken. Und man beginnt, die unsichtbaren Panzer des elektronischen Zeitalters zu schmieden. Es gibt doch so etwas wie ein angeklebtes, cooles Gehabe. Es gehört in unzähligen gängigen Filmen zum Image des Helden, des Machers, des Bankers, des Bosses. Der Erfolgreiche muss seine Gefühle einsperren – im Panzer der Distanz.

I: Was dann nicht hindert, dass die verdrängten Gefühle sich anderswo in primitiver Weise Luft machen. Es ist wie bei einer Zahnpastatube, die man oben zuschraubt und unten trotzdem fest drückt. Dann kommt der Inhalt irgendwo anders, nicht dosiert, sondern in explosiver Form heraus.

Herzlichkeit: Du verstehst mich, was ich mit den gepanzerten Seelen meine. Kettenhemden für die Seele werden auch geschmiedet, wenn die Rolle, die der Mensch spielen soll, ihn überrollt. Er muss irgendein Amt, eine Verantwortung, eine Würde übernehmen. Und nun will er sich ja nichts vergeben. Er ist ganz beherrscht von dem Gedanken: Ich bin Autorität, ganz Direktor, ganz Vorgesetzter. So zieht er das Visier herunter und wird zur eisernen Maske. Er sagt Dinge, die mit seinem Fühlen gar nicht übereinstimmen, Höflichkeiten, die ohne Herz sind, trifft Entscheidungen, bei denen er gar nicht in sich hineingehorcht hat, wird unehrlich und undurchsichtig. Und sitzt in kaltem Eisen auf dem Ross seiner Rolle. Es kommt aus seinem Herzen nichts heraus – und er lässt auch nichts hinein. Gemüt und Einfühlung verkümmern.

I: Eine bedrückende Vision. Aber sind nicht religiöse Menschen gegen diese Fassadenhaftigkeit gefeit?

Herzlichkeit: Leider nicht – so widersinnig das klingt. Der fromme Anstrich kann den Stahl sogar noch verhärten. Das war ja ein wesentliches Thema der Auseinandersetzung Jesu mit einigen Zeitgenossen. Darum hat er ja die frömmelnden Eiferer angefahren: „Wenn ihr doch begreifen würdet: Barmherzigkeit will ich, nicht Opfer …" Nein, durch Religiosität ist man gegen derartige Irrwege nicht einfach gefeit. Das musst du dir als Bischof merken. Panzer bleibt Panzer, daran ändern auch fromme Gravuren in Silber und Gold nichts.

I: Du willst also sozusagen Panzerbrecher sein?

Herzlichkeit: Ja, ich möchte dazu beitragen, dass der Mensch mit seinen Gefühlen in Einklang ist, sein Gemüt kultiviert, sein Visier aufmacht, Mitgefühl entwickelt, Fassaden abbaut – und ein bisschen etwas ausstrahlt. Mir geht es also um die Dimension der Echtheit im Menschen. Darum bin ich, die Herzlichkeit, wesentlich mehr als ein Stück oberflächlicher Sentimentalität.

I: Aber deine Aufgabe in Kirche und Welt ist doch erdrückend schwierig.

Herzlichkeit: Aber ich gebe nie auf. Ich habe ja auch Verbündete. Da ist einmal schon die erwähnte Sehnsucht nach Herz in der ganzen Gesellschaft. Auch die Wissenschaft kommt mir zu Hilfe. Es ist empirisch belegt, dass ohne Echtheit und Einfühlung zum Beispiel in der Erziehung gar nichts geht. Dazu kommt die Erkenntnis, dass ohne frei schwingende Gefühle das Schöpferische im Menschen verkümmert. Und weil du vorhin die Religion in problematischem Zusammenhang erwähnt hast – wer wirklich das Wesen des Christentums begriffen hat, der weiß, dass der sich verschenkende Gott Herzlichkeit ist. Es ist zwar fast vermessen,

Platanenallee in der Provence

wenn ich, die menschliche Herzlichkeit, so etwas sage. Aber eins weiß ich: Er ist mein Verbündeter.

I: Mir fällt gerade ein: Ein Beispiel, wie höchste Würde und hohe Bildung durchaus mit Herzlichkeit verbunden sein kann, ist Johannes der XXIII.

Herzlichkeit: Er ist mein Paradebeispiel. Wenn er heilig gesprochen wird, wird Herzlichkeit auf den Scheffel gestellt, damit sie leuchtet.
Aber zum Schluss zurück zu den Rittern. Kannst du dich an die Sage von Parzival erinnern?

I: Natürlich, die gehört ja zur Weltliteratur. Wolfram von Eschenbach. Parzival, der Ritter ohne Furcht und Tadel, voll hoher, etwas weltferner Ideale …

Herzlichkeit: Wie er nach langen Jahren der Abenteuer auf die Gralsburg gekommen ist, hat er es nicht übers Herz gebracht, den kranken König Amfortas schlicht und einfach nach seiner Wunde zu fragen. Er hat alles gehabt, was zu einem Ritter gehört: Kettenhemd, Panzer, Helm, Visier, Schwert, Schild und hohe Gedanken … Das Einzige, was ihm gefehlt hat, war ich, die Herzlichkeit …

I: Aber beim zweiten Anlauf hat er's dann doch geschafft. Das gibt Hoffnung für dich, liebe Herzlichkeit!
Ich danke für das Gespräch.

Veröffentlicht im Jahr 2000 in „Werte im Wellengang".

DIE DREI BRUNNENGESCHICHTEN

Die erste Brunnengeschichte

… steuert das Evangelium von der Begegnung Jesu mit der Frau am Jakobsbrunnen bei. Bei Sichem steht ein uralter Brunnen, den es heute noch gibt und an dem sich der ermüdete Herr Jesus niederlässt. Und da ist eine einfache Frau, eine Samariterin, also keine Jüdin, die gerade Wasser aus der Zisterne heraufholt. Es ist außerhalb jeder Regel, dass ein jüdischer Rabbi auf der Straße eine fremde Frau anspricht, dass er eine Samariterin anspricht, ist ein glatter Skandal. Die Jünger können sich kaum erholen. Jesus bittet diese Frau um einen Schluck Wasser. An diese kleine Geste knüpft sich ein wunderbares Gespräch, bei dem aufkommt, dass diese Frau noch dazu ein Problemfall ist. „Fünfmal warst du verheiratet – und der, den du jetzt hast, ist nicht dein Mann." Aber der Welterlöser respektiert sie dennoch und bittet sie um Wasser. Er bekommt es und spinnt dann den Gedanken weiter zum Wasser des Heils und der Gnade, und er redet keineswegs so, als sei diese Frau vom Heil ausgeschlossen. Jesus sieht das Gute in ihr und eine Glaubensbereitschaft. Und er spannt sie sogar in sein Erlösungswerk ein. Die Frau eilt nämlich ins Dorf hinein, trommelt ihre Bekannten zusammen und sagt ihnen: Ich glaube, das muss der Messias sein – er hat mir nämlich alles gesagt, was ich getan habe …

Und das alles beginnt mit einer Bitte um einen Schluck Wasser, die der Welterlöser an eine Frau richtet, die manche heutige Kirchenvertreter leider weggeschickt und zu der sie gesagt hätten, du bist unwürdig, mit dem Sohn Gottes zu reden und zu diskutieren und die Botschaft des Heils zu empfangen. Es ist eine wunderbare Brunnengeschichte, weil hier der müde und durstige Welterlöser mit der Bitte um einen Becher Wasser das Heil der Welt für eine arme Frau, die kein unbeschriebenes Blatt ist, aufmacht und seine Liebe offenbart.

Die zweite Brunnengeschichte

… spielt in Tirol. Es war bei einem Ausflug von Studentinnen und Studenten der Universität Innsbruck, zu der auch die Besichtigung des Stuibenfalls im Ötztal gehörte. Wir sind also staunend vor diesem wunderbaren Naturphänomen gestanden, das alle Bergwasser und Gletscherbäche zwischen dem Schrankogel und der Wilden Leck einsammelt und stäubend herunterstürzen lässt. Nach einiger Zeit wollten wir aufbrechen und weiterwandern. Aber ein Student, der in der Wüste Arabiens zu Hause war, konnte sich von diesem Wasserfall nicht losreißen. Ein alter Bauer, der auch dabei war, hat gesagt: „Was hat er denn – dös Wasser *muaß* ja åber …“ Für ihn war der Stuibenfall ein Stück Alltag, eine Selbstverständlichkeit seiner Umgebung. Aber der Student hat mir danach verraten, dass er immer daran denken musste, was dieser Wasserfall in seiner so trockenen Heimat bedeuten würde: weites, grünes Land, Getreidefelder, Dattelpalmenhaine und Weinberge …

Diese zweite Brunnengeschichte erinnert uns daran, wie wir in unserem Land mit Wasser, mit gutem Wasser so gesegnet sind, dass wir Gefahr laufen, diese Kostbarkeit als Selbstverständlichkeit zu betrachten – wie viele andere wertvolle Dinge: den Frieden, den Wohlstand, das Wohnen und das Essen, die medizinische Spitzenversorgung, die Wälder und eben das Wasser.

Diese zweite Brunnengeschichte sollte uns daran erinnern, dass wir in gewisser Hinsicht am Stuibenfall leben. Und wir sollten nicht denken: „Klar, dös alles muaß ja åber“, sondern es sollte in uns eine tiefe Dankbarkeit aufsteigen für alle Kostbarkeiten dieses Lebens – und für die Werte unseres Glaubens: Dass wir zu Gott ein Vertrauensverhältnis haben dürfen wie Kinder zu ihrer Mutter, dass wir Verzeihung erfahren und Trost im Leid und dass wir das ewige Leben in einer ungeheuren Fülle geschenkt bekommen – so dass der Stuibenfall dagegen zum Wiesenbächlein wird.

Der Wasserfall

Die dritte Brunnengeschichte

… geht in ein ganz anderes Milieu. Ein Dorf mit etwa 800 Einwohnern im Sahel, einer der trockensten Zonen Afrikas. Es gibt ein paar magere Maisfelder, wenn die Regenzeit eine Ernte erlaubt, und das Kleinvieh, das in der Trockensteppe rundherum weidet. Und da sind ein paar Zisternen oder Gruben, wo sich nach der Regenzeit Wasser sammelt, das mit der Zeit immer weniger wird und zu einer schmutzigen Brühe verkommt, die kaum trinkbar ist. Dann müssen die Frauen jeden Tag aufbrechen, zehn Kilometer weit, um in Tonkrügen auf den Köpfen oder in Kanistern Trinkwasser zu holen. Es kommt vor, dass Frauen bei 40 Grad Hitze bei diesem Geschäft an Erschöpfung sterben. Und wenn sie heimkommen, müssen sie stundenlang auf Steinen Mais zerreiben.

In dieses Dorf kommt eine Gruppe von Spezialisten mit Geologen, Hydrologen, Brunnentechnikern, Dolmetschern und Frauen, die mit den Einwohnern in ihren Dialekten reden können. Die Gruppe misst und prüft, wie tief der Grundwasserspiegel in der größten Trockenheit steht, und dann wird ein Tiefbrunnen gebaut, 15, 20, 25, 30 Meter tief, manchmal durch Lehm, manchmal durch Fels, und die Bohrer rattern. Der Brunnen wird ausgemauert, eine Winde installiert, oben mit einem Mauerschutz umgeben, eine Tiertränke wird errichtet, damit der Brunnen schmutzfrei bleibt, und neben dem Brunnen wird ein großes Areal mit einem Metallzaun umgeben: hier wird nun eine Gemüseplantage angelegt mit Kohl, Paradeisern und allen möglichen Sorten. Und die Frauen des Dorfes, die sich darum kümmern sollen, erhalten eine Maismühle, damit sie die Körner nicht mehr stundenlang auf den Steinen reiben müssen. Mit einem großen Volksfest wird der Brunnen eingeweiht und gesegnet, von einem Priester und einem Mullah. Und am Brunnen wird eine Tafel angebracht, auf der in rot-weiß-roten Farben CARITAS TIROL steht.

Von solchen Brunnen, die alle funktionieren, und zwar das ganze Jahr über, stehen allein in Mali schon über 40, und sie haben 55.000

Menschen Trinkwasser gebracht. Und das alles nur, weil es in Tirol gute Menschen gibt, weil die Caritas in Tirol und in Mali ausgezeichnet funktioniert und kein Euro verloren geht, weil sie eine Organisation der Kirche ist und mit korrupten Staaten nichts zu tun hat. Heuer werden acht weitere dieser Brunnen dazukommen – und das ist zusammengenommen doch auch ein kleiner Stuibenfall der Nächstenliebe.

Das sind die drei Brunnengeschichten. Die letzte knüpft an die erste an und schließt den Kreis, denn unser Herr und Heiland, der Welterlöser, der die samaritanische Frau um einen Becher Wasser gebeten hat, hat auch gesagt: Wenn einer von euch einem anderen in meinem Namen auch nur einen Becher Wasser gibt – der wird seinen Lohn erhalten. Denn was ihr dem geringsten meiner Brüder getan habt, das habt ihr mir getan.

Veröffentlicht 2016 in „Mit Leben anstecken".

DIE KIRCHEN

Optisch sind sie immer noch Wahrzeichen und Visitenkarte der Gemeinden, prägendes Bauwerk im Dorfbild und unverwechselbare Silhouette seiner Individualität. Sogar in der Stadt stellen sie trotz vieler Zuwächse im Stil von Hongkong und Manhattan immer noch die schönste Seite der Skyline. Kunstgeschichtlich sind sie fast immer die wichtigsten Schatzkammern der Ortschaften und – was für mich nicht selbstverständlich ist – sie sind mit viel Aufwand und Liebe restauriert und gepflegt. Es gibt bei uns keine verwahrlosten Heiligtümer. Und ihre Bewahrung ist immer noch ein gemeinsames Anliegen, das über alle gesellschaftlichen und politischen Unterschiede hinweg wahrgenommen wird.

Aber der Seelsorger sieht über ihnen doch manchmal einen Schatten, der dem Maler nicht ins Auge fällt. Es ist die Sorge, dass die Kirche die Kirchen verwaisen lässt, weil niemand mehr am Altar steht. Und es ist die Tatsache, dass zu viele an den Wohnstätten des Ewigen vorbeihasten, weil unsere hektisch-vordergründige Wohlstandswelt keine Zeit und kein Verweilen gestattet und hundert Dinge für wichtiger hält.

Aber in ihnen sind doch die Gebete und das Gottvertrauen der Jahrhunderte geborgen, in den schlichten Mauern des uralten romanischen Heiligtums ebenso wie in der warmen Pracht der barocken Dorfkirche. Der Ausruf des Jakob im Buch Genesis (28,17) gilt eigentlich immer noch:

> *„Wie ehrfurchtgebietend ist dieser Ort!*
> *Hier ist nichts anderes als das Haus Gottes*
> *und das Tor des Himmels …"*

Darum sollten wir uns die Freude an den Spitz- und Zwiebeltürmen, den Sonnenstrahlen, die über Altäre und Skulpturen tanzen, und den stillen Lichtern vor den Madonnen nicht nehmen lassen. Der große

Dom von Innsbruck

Dom inmitten der Altstadtgiebel und die Kapelle am Steilhang mit dem weiten Blick ins Tal – sie erinnern uns beide daran, dass unser Herz Heimat braucht.

Wenn ich droben am Berg Mittagsrast halte und der Wind den Klang der Glocken aus den Tälern heraufträgt, des großen Geläutes, das sich über die Wälder heraufschwingt, und des Gebimmels der kleinen Bergkirche – dann setzen die Glocken nur in Klang um, was der Psalmist geschrieben hat:

> *„Wie lieb ist Deine Wohnung mir,*
> *o Herr der Himmelsheere …"* (Ps 84,2)

Veröffentlicht 2008 in „Sinnbilder".

DIE TIROLER GEMEINDEN

Bezirksbürgermeistertreffen Landeck (1995)

Zunächst muss ich ein paar grundsätzliche Vorbemerkungen machen. „Kirche und Gemeinde" ist für mich als Bischof ein wichtiges Thema, weil erstens das Christentum – im Gegensatz zu anderen, z. B. ostasiatischen Religionen – eine *weltzugewandte* Religion ist. Es darf dem Christen nicht gleichgültig sein, wie die Welt aussieht und gestaltet wird. Darum kann mir nicht gleichgültig sein, wie das politische, soziale, wirtschaftliche und ökologische Klima in Tirol ist, und es kann keinem Pfarrer und keinem Pfarrgemeinderat gleichgültig sein, wie's in der Gemeinde geht.

Und zweitens treffen sich sicher viele Ihrer Interessen aus Ihrer Verantwortung heraus mit denen der Kirche am Ort, und es kann nur gut sein, wenn es ein vertrauensvolles Miteinander gibt.

Zum anderen muss ich daran erinnern, dass ich hier nicht als „politischer" Bischof, sondern als Seelsorger auftrete. *Weil* das katholische Christentum eine *weltzugewandte* Religion ist, hat es in der Geschichte immer auch eine Versuchung zu bestehen: die Versuchung der *Macht*. Und so ist es gekommen, dass die Kirche tausend Jahre lang tief in die politische Macht eingebettet war: Bischöfe waren Fürsten, und Schloss Wiesberg[1] erinnert an den Fürstbischof von Chur, dessen Burg es war. Päpste waren Souveräne mit Heeren und Kriegen, und nur langsam wurde diese – meines Erachtens unheilvolle – Verbindung von Kirche und Macht abgebaut. Als die Throne wankten, war die Kirche in meiner Kindheit und Jugend in die politische Parteienlandschaft eindeutig eingebaut, und ich habe Priester kennengelernt, die Landtagsabgeordnete, Nationalräte, Landesräte und Bundeskanzler waren. Erst seit 50 Jahren ist nach einem Jahrtausend die Kirche wieder in ihrer seelsorglichen

---

1 Schloss Wiesberg im Bezirk Landeck steht auf einem Felsen an der Trisanna, wo das Paznauntal in das Stanzertal mündet (Anm. d. Hg.).

Rolle und aus der Tagespolitik ausgeschieden – und ich glaube, dass das richtig ist. Aber eben in dieser *seelsorglichen* Rolle muss die Kirche auch hineinreden in die Gesellschaft, da und dort kooperieren und zusammenarbeiten, vor allem aber dazu beitragen, dass es in unserem Volk so etwas gibt wie ein gewisses allgemeines Niveau von Werten. Wenn das Wertniveau unter ein gewisses Maß sinkt, ist die Demokratie in Gefahr. Ich brauche dafür kein Beispiel auszuführen, wir sehen in unmittelbarer Nachbarschaft, was passiert, wenn ein demokratisches System in Egoismen, Korruption und schmutzigen Verbindungen wegfault. Hier liegt die Interessengemeinschaft einer lebendigen und im Ganzen gesunden Demokratie, wie wir sie in den Tiroler Gemeinden vor uns haben, und der Kirche.

Was ist für mich eine Tiroler Gemeinde?

Ich darf dazu ausführen, dass ich jetzt im Rahmen meiner Möglichkeiten auch ein wenig die Tiroler Gemeinden kenne. Ich habe etwa 85 bis 90 Prozent von ihnen besucht, ich war bei diesen Besuchen auch immer mit den Bürgermeistern und Gemeinderäten wie mit den Pfarrgemeinderäten beisammen. Ich habe 1250 Pflichtschulklassen besucht und viele der höheren Schulen, alle Altersheime, alle Kindergärten, sehr viele Betriebe, Spitäler, Heime, Einrichtungen für Behinderte. Und im Ganzen etwa 6000 Kranke und Alte in ihren Wohnungen. Ich kenne die Kirchen, Kapellen und Kunstschätze der Tiroler Gemeinden und weiß um die gewaltigen Anstrengungen, die auch die politischen Gemeinden neben der Spendenfreudigkeit der Bevölkerung in diesen Jahrzehnten geleistet haben. Es gibt nicht viele Länder Europas, in denen Ähnliches vollbracht wurde. Und so kann ich sagen, dass ich im Rahmen meiner Möglichkeiten das Land Tirol, so weit es zur Diözese Innsbruck gehört, mit wenigen Ausnahmen kenne. So sehe ich unser Gemeindewesen, das sage ich aus Erfahrung und Überzeugung, mit einer großen Dankbarkeit.

Das Selbstbewusstsein der Gemeinden

Eine Tiroler Gemeinde ist ein *bejahtes Stück Welt*. Sie ist ein bewusstes, gewachsenes Miteinander und nicht einfach ein bunter Haufen Menschen wie ein Stadtviertel einer Großstadt oder eine Menge in einem Fußballstadion. Es ist eine Freude, dass es ein *Gemeindeselbstbewusstsein* gibt. Hie und da kann's ja ein bisschen überbetont sein, vor allem mit Nachbargemeinden, die in der Regel keine Partnergemeinden sind, aber das gibt's schon in der Heiligen Schrift. Da sagt Nathanael, wie er erfährt, dass der Erlöser aus Nazareth kommt: „Kann denn aus Nazareth etwas Gutes kommen?" Ähnliches habe ich in Tirol auch schon gehört. Aber im Ganzen ist das Gemeindebewusstsein eine ganz positive Sache und wahrscheinlich die beste Voraussetzung für eine lebendige Demokratie. Je größer die demokratisch angesprochene Masse wird, umso mehr verkommt die Demokratie in der Anonymität, und es kommt dann – wie bei einem amerikanischen Präsidentenwahlkampf – überhaupt nicht mehr auf die Person an. In Tiroler Gemeinden kann es sich eigentlich keine Gruppe leisten, einen Menschen ohne jedes Ansehen aufzustellen. Da erinnere ich mich an das Statement einer alten Frau, die auf die Frage, warum denn der und der trotz großer Erwartungen bei den Gemeinderatswahlen so durchgefallen sei – lapidar erklärte: „Ja, weil sie'n alle kennen …" Es gibt hier also so etwas wie eine verstärkte Sozialkontrolle, und das ist gesund. Das Bejahen dieses Stücks überschaubarer Welt ist zutiefst eine christliche Aufgabe, und das Verantwortungtragen dafür auch.

Heimat für die Menschen

Eine Tiroler Gemeinde ist ein *heimatbildendes Stück Welt*. Es gab einmal nach dem Krieg eine Zeit, da hatte das Wort „Heimat" nicht mehr viel Klang. Es war zum Teil auch falsche Sentimentalität, ja richtiger Kitsch dabei, und die Blut-und-Boden-Ideologie des Nazismus hat den

Hochgallmigg und Parseierspitze

Heimatbegriff sowieso missbraucht und verfälscht. Heute aber weiß man, was es für den Menschen bedeutet, wenn er sich eben in der Gemeinde zu Hause weiß. Ich habe in den Tiroler Großbetrieben die Arbeiter und Arbeiterinnen oft gefragt, wo sie zu Hause sind, und da bin ich draufgekommen, dass sie alle ihre Wurzeln am Wohnort haben. Dort leben sie, haben sie ihre Familien, Häuser, Nachbarn, Freunde, Organisationen, Musikkapelle, Sportverein, Pfarrgemeinderat, Kirchenchor, Frauenbewegung, Schützen, Alpenverein, Volkstanzgruppe. Es ergibt sich daraus eine verstärkte Sozialkontrolle, verminderte Verbrechensrate (ich würde es allerdings nicht so optimistisch sehen wie ein alter Bauer aus dem Oberen Gericht, der im Bus bei einer Debatte rund um die Auflassung eines Gendarmeriepostens erklärt hat: „I han allaweil scho gseit – vo Landeck bis Nauders – a halber Gendarm leicht gnua!"). Eine ganz wichtige Funktion ist damit auch die Einbindung der Jugend und die Verminderung der Generationengegensätze, weil eben in der Musikkapelle der 60-Jährige neben dem 16-Jährigen bläst. Heute weiß man, wie wichtig für den Menschen eine Nische einer vertrauten Welt ist, mit menschlichen Kontakten und einer Verbundenheit in Geschichte, Landschaft und Kultur. Hier gilt voll das Wort von „small is beautiful".

Weltoffenheit

Eine Tiroler Gemeinde muss heute ein *offenes Stück Welt* sein. Wir leben nicht hinter den Bergen. Durch unsere Täler brandet das Leben. Jede Gemeinde hat Alteingesessene und Neuzugezogene (ich erinnere mich an eine Gemeinde im Lechtal, wo die katholischen Frauen jeden Mittwoch Kaffeekränzchen haben – und *jede* Neuzugezogene wird eingeladen – und damit ist sie sehr rasch keine „Fremde" mehr). Es gibt Pendler, Bauern, Gäste und Gastarbeiter, Besitzende und Wohnungssuchende, Junge und Alte, Einheimische und weit entfernt Geborene, Touristen und Flüchtlinge. Und die Bewältigung dieser Situation erfordert einfach eine gewisse Offenheit, eine Fähigkeit zur Toleranz. So wie die Kirche in Tirol ihre Räume auch für einen evangelischen Gottesdienst zur Verfügung stellt, wenn das gewünscht wird, und wir in Tirol auf ein gutes ökumenisches Klima Wert legen, so muss diese Offenheit auch im Gemeindeleben heute anders sein als vor 100 Jahren. Aber Offenheit heißt nicht Charakterlosigkeit. In manchen Gemeinden ist sie in der Konzessionsbereitschaft gegenüber einem gewissen Gästepublikum eingebrochen. Man macht – nebenbei – damit auf die Dauer nicht das große Geschäft. Es gibt viele Gäste, die ein gewisses Niveau durchaus respektieren, und wer ein Nachtleben wie in Acapulco will, soll halt dorthin fahren. Offenheit heißt nicht Stilangleichung nach unten.

In Sorge für die Bewohner

Eine Tiroler Gemeinde ist ein *umsorgtes Stück Welt*. Diese vielfache Sorge um die tausend Bedürfnisse des Lebens funktioniert in einer kleinen Welt im Allgemeinen besser als in einer großen zentralistischen Massenorganisation. Das zeigt ja das Leben! Was heute nicht alles in einer Gemeinde besorgt werden muss! Kindergärten und Schulen, Sozialwesen und Hauskrankenpflege, Krabbelstube und Bibliothek, Wegenetz und Kanalisation, Trinkwasser und Seniorenheim, Altenstube, Vereine und Umweltschutz, Entsorgung und Müllabfuhr … Man muss einmal für das alles, das so viele als selbstverständlich hinnehmen, dankbar sein. Wir waren noch nie so gut versorgt wie heute. Man muss dafür auch im Gottesdienst danken. Wenn in anderen Teilen der Welt aus *einem* Brunnenhahn ein so gutes Wasser rinnen würde, wie bei uns durch jede Kloschale geht, dann würde ein Dorf in Afrika oder Südamerika ein Drei-Tage-Fest feiern. Wer bei uns unzufrieden ist, weiß von der Welt nichts, und auf der Schulbank der Weltgeschichte und Heimatgeschichte ist er auch nie gesessen …

Es gibt auch Sorgen, die wir nicht ganz bewältigen. Darf ich auf das eine oder andere hinweisen, das im Rahmen der Gemeinde schwer zu machen ist.

Verschwiegene Notlagen

Da gibt es die Hilfe in den verschwiegenen familiären Nöten. Hier erweist sich die überschaubare Gemeinde, wo jeder jeden kennt, oft eher als Hindernis. Die Organisation „Frauen helfen Frauen" hat im Laufe ihres Bestandes Zehntausende von Kontakten in Innsbruck und einigen anderen Orten. Hier suchen die Leute eine gewisse Anonymität. Was die Frau mit ihrem Mann mitmacht, der Trinker ist, breitet sie nicht gerne in der Gemeinde aus, und deshalb kommen diese Frauen in Scharen aus dem Land in die Museumstraße nach Innsbruck. In einer Gemeinde ist man schnell einmal im Gerede, und dann brauchen nur noch Animositäten mit anderen Familien dazuzukommen. Manchmal kann die kleine Welt recht grausam sein, und so wie sie eine Chance für den Gemeinschaftssinn sein kann, kann sie auch zur Gefahr von Tratsch und Klatsch und zähen Feindschaften werden. Das darf man nicht vergessen. Auch andere verschwiegene Nöte gibt es, die in der Gemeinde unter der Decke bleiben – denken wir nur an die Selbstmordziffer im Bezirk. In diesem Zusammenhang möchte ich auf die Telefonseelsorge hinweisen. Die *hat* schon Selbstmorde verhindert, weil es im Augenblick der Depression ganz wichtig ist, ein Gespräch führen zu können und vielleicht den Mut zu einer Behandlung zu wecken. Unter der Decke bleiben auch die Gefahren des Rauschgifts, und man ist geneigt zu erklären: Bei uns gibt es das nicht. Die Welt des Tourismus ist eine Welt der sich erholenden und etwas leistenden Menschheit, eine Scheinwelt, und es ist für Jugendliche nicht leicht, sich diesem Trend zu Lust und Vergnügen zu entziehen. Es heißt ein waches Auge haben.

Die Sorgen eines Bischofs in der Priesterfrage

Ich sage Ihnen auch noch *meine* Sorge mit den Gemeinden. Ich habe keine Befürchtungen, wenn ich heute auf die Pfarrgemeinderäte schaue und auf die vielfachen Aktivitäten, die es ja früher nicht gegeben hat (zum Beispiel den Spitalbesuch für jeden aus der Gemeinde). Aber meine Sorge ist die Priesterfrage.

Man sagt, ich hätte mich als Bischof „exponiert", weil ich gesagt habe, dass – neben dem zölibatären Priestertum, das ich sehr hoch schätze und von dem ich hoffe, dass es nie aufhört, weil es die Kirche braucht – aber *auch bewährte* verheiratete Männer zu Priestern geweiht werden sollten. Also so, wie es der heilige Paulus schreibt, Leute, die sich in Beruf und vor allem in der Ehe und Familie bewährt haben, vielleicht das Ärgste an Sorgen mit den Kindern vorbei haben, eine entsprechende Bildung besitzen oder nachholen, in Kursen. Damit mache ich den Zölibat nicht schlecht, den ich für mich auch heute wieder wählen würde, und ich möchte alles tun, dass ins Priesterseminar ideale junge Menschen kommen mit der entsprechenden Eignung und einer gesunden Frömmigkeit.

Aber: Ich *muss* als Bischof auf die Zahl schauen und auf die Erfordernisse der Gemeinden. Heute habe ich etwa 180 Weltpriester, das Durchschnittsalter ist 61. In wenigen Jahren werden es etwa 110 sein. Das heißt dann, dass ganze Täler vielleicht noch zwei Priester haben werden, und bei denen wird man dann ständig in Angst sein müssen, dass sie verheizt werden. Und darum frage ich mich: Was ist der Wille Gottes? Was steht in der Schrift? Was ist göttliche Weisung und was ist menschliche Weisung? Es kann mir nicht gleichgültig sein, ob Gemeinden einen Priester und damit Eucharistie, Beichte und Krankensalbung haben oder nicht. Es kann mir nicht gleichgültig sein, ob die Kranken in den Spitälern auch sakramental betreut werden oder nicht. Und wenn man mir deshalb nachsagt, ich sei nicht ganz kirchentreu, dann muss ich darauf hinweisen, dass es keinen Unterschied zwischen Christustreue und Kirchentreue gibt und geben kann.

Zum Schluss: Was kann die Kirche in der Gemeinde Gottes noch beitragen: den Segen. Denn ohne den werden wir nicht viel reißen. Und so wünsche ich den Segen Gottes den Gemeinden, den Gemeinderäten und den Bürgermeistern …

Vorttrag beim Bezirksbürgermeistertreffen in Landeck am 21. Februar 1995; veröffentlicht 2014 in „Mit gläubigem Herzen und wachem Geist".

DIE LAWINE

Im Lauf der Jahre bin ich in eine Lawine geraten. „Lawine" ist nicht gerade ein positives Symbol. Lawinen sind gefährlich. Auf einer Höhe von 3300 m bin ich wirklich einmal von einer Lawine mitgerissen worden. Es war – im Hochsommer – über Nacht Schnee gefallen. Ich stand mit meiner Gruppe knapp unter dem Gipfel vor einer steilen Schneerinne. Und weil droben am Grat eine große Wächte drohte, hatte ich ein ungutes Gefühl. Ich band mir die Lawinenschnur um und versuchte, die Rinne mit den Kurzschiern zu queren. Und genau da, wo ich es befürchtet hatte, ging es los. Die Wächte droben brach und ich wurde mitgerissen. Es war weiters nicht gefährlich, ich hatte ja die Lawinenschnur um und meine Bergkameraden hätten mich schnell gefunden. Aber weiter drunten konnte ich mich selbst befreien. Wir sind dann umgekehrt. Es wären noch zwei weitere Rinnen zu queren gewesen. Für mich aber war dieses Erlebnis so beeindruckend, dass ich mit meinen Alpingruppen nie ein Unternehmen mit Lawinenhängen gewagt habe.

Aber der Grund, warum ich für die folgende Lebenserfahrung das Bild der Lawine wähle, obwohl es sich um so erfreuliche und beschwingende Erinnerungen handelt und nicht um gefährliche, liegt darin, dass die Lawine zwei Merkmale aufweist, die mir als positives Symbol erscheinen:

Sie ist mitreißend und wird immer größer.

Ich meine die Lawine der Hilfsbereitschaft und der offenen Hände, der Solidarität und des Mitgefühls und des tätigen Zugreifens in der Not der Menschen.

Lawinen, die später groß und mächtig werden, brauchen oft nur einen kleinen Impuls. Wenn ich die Lawine des beherzten Helfenwollens zurückverfolge – wo lande ich da?

Unvergesslich bleibt mir ein kleiner blonder Knirps in einer ersten Volksschulklasse. Ich hatte in der Stunde vorher von den armen Kindern in den

Krimmler Wasserfall

Hungergebieten erzählt, aber dabei natürlich keine Sammelabsichten geäußert – was in der Schule ja gar nicht erlaubt wäre. Aber in der nächsten Stunde brachte der Kleine sein Sparschwein mit, schloss es auf und leerte es vollständig aus. Der Inhalt war für einen kleinen Jungen beachtlich. Da waren offensichtlich spendable Paten, Onkel und Tanten am Werk gewesen. „Das", meinte er, „ist für die hungrigen Kinder …" Ich konnte das natürlich nicht annehmen. „Was werden da deine Eltern sagen?" – „Der Papa und die Mama wissen das", hat er beteuert. Ich habe dann später mit den Eltern gesprochen. Sie haben gemeint: „Bitte, nehmen Sie es. Es ist für ihn wichtig. Sie würden ihm eine Freude nehmen …"

So habe ich es genommen. Und jetzt, wenn ich an den Ursprung der großen Lawine denke, die mich mitgerissen hat, fällt mir der Kleine wieder ein. Im Evangelium hat die wunderbare Brotvermehrung auch mit der Jause eines Kindes begonnen, das in der Tasche zwei Fische und fünf Brote trug … Die Kleinen stehen am Beginn der Lawine.

Eine Jugendgruppe hatte 400 Schilling gesammelt und mir überreicht. Kurz darauf erfuhr ich von einem Ehepaar im Banat, im damals kommunistischen Rumänien, das seine bescheidene Landwirtschaft einstellen musste, weil die Frau den Pflug nicht mehr ziehen konnte. Sie waren verzweifelt. Über einen vermittelnden Helfer habe ich ein Pferd gekauft. Es kostete 400 Schilling. Die alten Leute waren selig.

Oder da war die große Spende für die Anschaffung teurer Medikamente in einem bitterarmen Land, für die Patienten eines Missionsspitals, eine Hilfe, für die ich mich nicht einmal bedanken konnte. Es hieß in dem kleinen Begleitbrief nur, dass die Schwestern da drunten für die Spenderin beten sollten. Es stand kein Name dabei – aber ich erfuhr später, dass die bedeutende Gabe von einer Insassin des Bordells kam.

Und da war das alte Ehepaar aus offenkundig einfachen Verhältnissen, das mir seine Ersparnisse auf den Tisch legte mit der Bitte, das Geld sollte für Aussätzige in Afrika verwendet werden. Sie haben für eine ganze Region Westafrikas die Impfung der gefährdeten Jugendlichen finanziert – und damit wahrscheinlich entscheidend zum Erlöschen der Seuche beigetragen.

Unzählige Male habe ich den Großmut schlichter Menschen erfahren – und mir ist immer vorgekommen, dass sie eine geheimnisvolle Rolle beim Lostreten der segensreichen Lawine hatten, die immer größer und größer wurde. Das Staunen Jesu über die winzigen Kupferblättchen der armen Witwe, die in den Metalltrichtern der Spendenkästen vor dem Tempelheiligtum im Gegensatz zu den Denaren, Drachmen und Statéren kaum einen Klang hinterließen, dieses Staunen des Welterlösers durfte ich oft nachempfinden.

Denn die Lawine rollte, und es war eine Freude, von ihr mitgerissen zu werden.

Ich habe auch den Großmut derer erlebt, die wohlhabend und reich waren. Und ich teile keineswegs abwertende Bemerkungen mancher selbst ernannter Supermoralisten, die hier nur „Alibiaktionen" orten möchten. Es braucht eine ganz eigene Qualität von Großmut, als Vermögender sich doch eine innere Distanz vom Geld zu bewahren. Und es braucht eine besondere und keineswegs selbstverständliche Antenne des Herzens, sich im Wohlstand ein Feeling für die Armen zu erhalten.

Als ich über Intervention von sozial wachen Journalisten daranging, auf Bitten einer armen Gemeinde in Albanien eine Kirche zu bauen, nahm der Architekt kein Honorar, ein Großunternehmer übernahm Dach und Kirchenboden, eine Glasmalereischule die Fenster und sechs Tiroler Zimmerleute wuchteten in ihrem Urlaub den großen, erdbebensicheren Dachstuhl mit 22 Meter langen Spannhölzern hinauf. Und die Zillertaler Schürzenjäger bezahlten den teuren Transport. Die Lawine hat viele mitgerissen.

Und dann war da in Albanien die bittere Armut und Wassernot mit den Handpumpen neben dem Misthaufen und den Familien mit den vielen Kindern … Ohne überwältigenden Großmut im Hintergrund hätte ich nichts verändern können. Es gab da einen bayrischen Ingenieur und seinen Sohn. Diese beiden planten und leiteten das Wasserprojekt für einige tausend Menschen, flogen immer wieder nach Albanien, besorgten den Einkauf und Transport des Materials, der Elektropumpen, der Rohre und der Brunnensäulen und führten die ganze Installation vor Ort durch. Als ich dem Ingenieur und seinem Sohn das Honorar für die jahrelange Tätigkeit übergeben wollte, haben sie abgelehnt: Sie nähmen kein Geld – denn dies sei die schönste Arbeit ihres Lebens gewesen …

Und damit ging die Lawine weiter.

Das so erübrigte Geld hat einer Armensiedlung in Brasilien mit einer 130-Meter-Tiefbohrung ein Trinkwasser wie ein Mineralwasser beschert, das unabhängig vom Klima, von Trocken- und Regenzeit fließt. Und jede Hütte hat einen eigenen Brunnen. Und da der Grund der Kirche gehört, kann er nicht von rücksichtslosen Padrones einfach weggenommen werden.

Die Siedlung am Xingu im Amazonasbecken heißt „Schwester Sonne" – nach dem Sonnengesang des heiligen Franziskus, der ja auch das Wasser so dichterisch besungen hat … Der Honorarverzicht des deutschen Installationsunternehmens in Albanien hat zum weltberühmten Gesang des Poverello eine schöne Strophe dazugedichtet.
Ich kann die Lawine der Hilfsbereitschaft nur in einzelnen Details festhalten, vieles kann ich hier nicht schildern. Die Millionen sollten auf Wunsch der Spender ganz diskret bleiben. Aber sie haben auch hier in der Heimat Hilfe für Behinderte oder tragische Sozialfälle und wohltätige Initiativen ermöglicht.

Auch die Brunnenaktionen in Mali, Madagaskar und Niger waren und sind nur möglich, weil die Lawine der Hilfsbereitschaft endlos ist. Meine Bilder, die dafür versteigert werden, sind nur Anlass für freiwillige Spenden, kein Bild ist von der Qualität her für den Kunstmarkt geeignet. Es dient nur zur Motivation im großen Strom des Helfens. Aber es muss auch befriedigend sein zu wissen, was ein funktionierender Tiefbrunnen für ein Dorf im Sahel bedeutet. – Und wiederum ist die Realisierung nur mit der großen Lawine möglich – den Engagierten der Caritas Tirol und der ausgezeichneten „Equipe Hydrologique" der Caritas Mali, einer Gruppe von einheimischen Fachleuten, die für die technische Abwicklung sorgen und die auch verhindern, dass die in so vielen Ländern der Welt allgegenwärtige Korruption zum Zug kommt.

Und in diesen Aktionen geht die Lawine nicht nur weltweit in die Breite, die Ausweitung trifft auch unsere Gesellschaft. Da springt eine Brunnengemeinschaft in einem Tiroler Dorf ein, die ein Jubiläum feiert, dort eine Pfarrgemeinde, die ein Fest begeht und dabei über die Grenzen blickt, dann wieder ein Schützenregiment, eine Landesorganisation, eine Erbin, die nicht am Geld hängt, eine Schulklasse, eine Studentenverbindung.

Und die Lawine greift über den kirchlichen Bereich hinaus. Da gibt es weltliche Vereine und Gruppierungen, die sich mit ihren sozialen Initiativen in die große Lawine des Helfens einbinden.

Und dann tauchen Großspender auf, die den Spendenerlös einer Ausstellung verdoppeln und damit neue Möglichkeiten eröffnen.

Verstehen Sie nun, warum die Lawine, der Schrecken des Bergsteigers, für einen Altbischof zur Glückserfahrung wurde, der schon längst den Hirtenstab mit dem Malerpinsel vertauscht hat? Das Überwältigende sind nicht irgendwelche Leistungsbilanzen, sondern die Tatsache, dass in dieser unserer Welt, die anonymen Finanzmächten ohne jede Spur einer Verantwortung für das Gemeinwohl ausgeliefert ist – dass es in dieser Welt der globalen Kapitalhasardspiele auch eine Globalisierung der Liebe, der Solidarität und der Hilfsbereitschaft gibt.

Wie wir unmittelbar nach dem Krieg mit Not und Armut konfrontiert waren und wie ein Carepaket einen ganzen Strahl von Hoffnung ausgelöst hat (und wie ich im Jahre 1947 nach meiner Primiz nur zu einem Essen einladen konnte, weil aus der Schweiz ein Paket mit Nudeln eingetroffen war) – da habe ich mir oft gedacht: Wie schön müsste es sein, in einem Land leben zu dürfen, das anderen helfen kann! – Diesen Traum, der völlig unerfüllbar schien, hat Gottes Vorsehung mir in meinem Leben in ungeahnter Weise erfüllt. Denn die Lawine des Segens rollt und rollt bis in diese Stunde.

Veröffentlicht 2012 in „Spätlese".

DER NEWA

Diese kleine Geschichte über eine Liebe, die aus Einsamkeit, Behinderung und Handicaps emporgeblüht ist, beginnt wenig erbaulich. Es ist nun einmal so und ist wahrscheinlich immer so gewesen, dass es für Schüler kein größeres Vergnügen gibt, als Professoren zu imitieren und auf die Schippe zu nehmen. Nicht selten entwickelt der eine oder andere Pädagoge einen Tick oder eine sonderbare Gewohnheit, Eigenheiten, die im Grenzgebiet zum Lächerlichen stehen oder auch eine gewisse Hilflosigkeit offenbaren – es braucht nicht viel, und schon setzt die Schülerspottlust ein. Je gutmütiger ein Lehrer ist, umso dankbarer ist er als Objekt, weil er ungefährlich bleibt.

In dem Gymnasium, in dem ich als Erzieher beschäftigt war, gab es ein in dieser Hinsicht höchst dankbares Ziel. Der betreffende Geschichtsprofessor hieß im Schüleralltag einfach der Newa. Er hatte sich nämlich im Lauf der Jahre angewöhnt, vielen Sätzen, ja Satzteilen und Einzelworten das Wörtchen „Newa?" anzufügen – ein Verstümmelung von „nicht wahr?" Die Schüler haben zuerst gelacht, dann haben sie sich daran gewöhnt; und so wurde er der Professor Newa.

Ich kann mich noch an eine Faschingsunterhaltung erinnern, wo in einer ausgezeichneten Persiflage der Professor Newa zusammen mit dem Direktor der Schule dargestellt wurde, der seinerseits die Gewohnheit hatte, bei jeder sich bietenden Gelegenheit das Wörtchen „Aso" seinen Aussagen anzufügen.

Im besagten Sketch saßen also die beiden einander gegenüber. Der Direktor begann den Dialog in väterlich-teilnehmendem, aber ernstem Tonfall: „Herr Kollege, ich muss Ihnen unbedingt etwas sagen – aso –, Sie dürfen es mir nicht übel nehmen. Sie sagen bei Ihrem Vortrag immer wieder „Newa"– aso –, da tun dann die Schüler lachen – aso. Damit müssen Sie aufhören – aso –, wegen der Autorität – aso –."

Professor Newa bedankte sich für den Hinweis und rückte seinerseits mit einem durchaus respektvoll-zurückhaltenden Ratschlag heraus: „Herr Hofrat, darf ich Ihnen auch einen kleinen Wink geben – newa? Herr Hofrat sagen nämlich im Gespräch mit den Schülern immer „aso" – newa? Und ich habe die Schüler deswegen schon kichern gehört – newa?

Darauf der Direktor: „Jetzt sagt er schon wieder newa – aso!"

Der Professor kontert: „Eben haben Herr Hofrat wieder aso – newa? – gesagt …"

Der Rest ging im Gebrüll des ganzen Gymnasiums unter.

Der Professor Newa war ein etwas kauzig gewordener Mensch, der in einer selbst gewählten Einsamkeit ein höchst einfaches Leben führte. Er hatte in der Schule ein ebenerdiges Zimmer, weil er beinamputiert war und sich mit Stiegensteigen schwer tat. Alte Gymnasien haben keine Lifte. Er hat nie über seine Behinderung, die sicher viele Schmerzen bereitete, geklagt. Seine ganze Liebe galt der Geschichte. In ihr ist er aufgetaut, und er wurde nicht müde, Historie nahe zu bringen, ob im alten Ägypten, im Reich der Hellenen, im Mittelalter, im Dreißigjährigen Krieg oder in der Gegenwart. Ich gestehe, dass ich hie und da an der Klassenzimmertür gelauscht habe. Die Weltgeschichte war mit Hunderten von „Newa?" garniert – aber die Schüler waren das schon gewohnt. Mich hat gewundert, dass keiner mehr gelacht hat. Bei längerem Hinhören habe ich das Newa? auch nicht mehr gehört, wohl aber eine tiefe Ergriffenheit des Vortragenden gespürt, dem man anmerkte, dass er nicht nur einen „Stoff" vortrug, sondern persönlich zutiefst von den Schicksalen bewegt war. Ich kann mich erinnern, dass ich ganz nachdenklich nach dem Lauschen weggegangen bin.

Ich habe dann Professor Newa besucht – und wir haben lange miteinander gesprochen. Er war versonnen und etwas traurig und hat zu mir gesagt: „Weißt du, die Weltgeschichte ist nicht schön. Es ist ganz gleich, wo ich einsteige, überall Ströme von Leid, Krieg, Flucht, Tod, Terror, Elend, Unrecht, Armut, Völkermord und Rücksichtslosigkeit – und Unmenschliches, überall Unmenschliches. Die Geschichte ist schrecklich …"

Nach diesem Besuch war für mich der introvertierte, kauzige Newa, von dem die Schüler immer neue Bonmots erzählten, ein anderer. Mir ist selten bei einem Lehrer ein solches Maß von Mitfühlen und Mitleiden untergekommen. Ich habe Geschichte nie mit diesem Unterton gehört. Bis in die Kirchengeschichte hinein dominierte sachliche Objektivität und kühl-kritische Beurteilung. Auch das hat sein Gutes. Aber hier hielt einer sein verwundbares und verwundetes Herz in die Schicksale der Menschheit. Der gute Newa war nämlich sicher, auch wenn er es sich nicht anmerken ließ, ein verletzlicher Mensch, wie es bei vielen der Fall ist, die mit einer derartigen Behinderung zurechtkommen müssen.

Eines Tages rückte für ihn der Zeitpunkt der Pensionierung heran. Niemandem hätte man ein ruhiges und entlastetes Alter mehr gewünscht als ihm. Er hatte keine finanziellen Sorgen und sein geistiges Interesse war hellwach – lauter Voraussetzungen für einen erfüllten Lebensabend nach einem außerordentlich anstrengenden Berufsleben und einer bewunderungswürdigen Lebensleistung. Man rätselte herum, wohin sich der Newa zum Ruhestand wohl zurückziehen würde – entweder in seine Salzburger Heimat oder sonst auf einen guten Platz mit der notwendigen Betreuung. Er sprach sich aber über seine Zukunftspläne nicht aus.

Als es so weit war, lud er seine Kolleginnen und Kollegen vom Lehrkörper ein und hielt eine kleine Abschiedsrede. Dabei erfolgte nun der Paukenschlag, der zunächst alle verstummen ließ. Er gab bekannt, dass er – der Schwerstbehinderte – für den Rest seines Lebens nach Bolivien als Missionshelfer gehen werde, um dort mit seinen zwar angeschlagenen Kräften, aber mit seinen geistigen und materiellen Möglichkeiten in einem armen Land zu helfen.

Ich kann mich noch erinnern, dass allen die Sprache wegblieb. Ich kann mich nicht entsinnen, jemals in ähnlicher Intensität erlebt zu haben, wie ein Mensch aus dem stillen Abseits, aus manchmal belächelter Absonderlichkeit, ja aus einer mitleidig betrachteten scheinbaren Inferiorität zu einer solchen menschlichen Größe aufstieg. Aus dem humpelnden Newa wurde ein kraftvoller Senior, der alle Betagten in den Schatten stellte, die Großväter, die da im Fernsehen mit Hilfe energiegeladener Biosäfte Mountainbikes treten und von Trampolinen springen.

Er ging in den Osten Boliviens. Er hat gewusst, wie viel Leid die Sozial- und Wirtschaftsgeschichte unserer Tage auf Südamerika konzentriert. Und er hat gewusst, dass sein Einsatz nur der berühmte Tropfen sein kann. Aber er hat dort unendlich viel Gutes getan. Er hat sich um arme Familien gekümmert, hat den Indios menschenwürdige Häuser gebaut und geholfen, wo er konnte. Ein österreichisches Professorengehalt ist in Bolivien ein kleines Vermögen. Schließlich hat ihn der Bischof gebeten, den Posten seines Sekretärs zu übernehmen.

So wurde der Newa, der einst für eine Faschingsunterhaltung herhalten musste, auf einmal zum Gegenstand der Bewunderung. Seine ehemaligen Schüler sammelten für ihn und seine Projekte, die Briefe gingen hin und her, und er wusste immer neue Aufgaben und Chancen. Er ist noch einmal zurückgekommen, braun gebrannt von der Tropensonne, ein durch und durch ausgefüllter alter Mann mit einem sehr jungen Herzen.

Wie ich die Nachricht von seinem Tod erhalten habe, ist mir vorgekommen, als riefe er noch einmal lächelnd: „Newa? – jetzt hab ich's euch gezeigt, newa?"

Der französische Philosoph Henri Bergson hat einmal darauf hingewiesen, dass es einen besonders wichtigen Akzent der Entfaltung der menschlichen Persönlichkeit und des Gewissens gäbe. Er nannte ihn den „heldischen Impuls". Nun – wir verwenden heute das Wort „heldisch" nicht besonders gern, weil es zu lange mit einem falschen Pathos gebraucht wurde. Aber das, was Bergson meinte, ist klar: Für die Entfaltung des echten Menschseins kann ganz entscheidend sein, dass der Mensch eine Wahl für echte Werte trifft, eine Aufgabe übernimmt, zu der er in keiner Weise verpflichtet ist – weder von einem Amt her noch von der Gesellschaft, noch von irgendwelchen Gesetzen und Vorgaben, ja nicht einmal von den Geboten Gottes her. Im Evangelium taucht dieses Problem beim reichen Jüngling auf (Mt 19,16-22). Dieses „Ja" aus einer tieferen Freiheit heraus, sagt Bergson, präge den Menschen mehr als vieles andere. Ich habe keine Hemmung, unseren lieben Newa mit dem „heldischen Impuls" im Sinne Bergsons in Verbindung zu bringen. Ich halte ihn für einen Heiligen.

Für mich ist auch unvergesslich, dass ein Mensch, der das widrige Großklima der Menschheitsgeschichte mit so existentieller Anteilnahme erfahren hat, keinen Augenblick zögert, das Trotzdem-Blühen im Kleinklima seiner begrenzten Möglichkeiten so ernst zu nehmen. Darum gehört er zu den Gletscherhahnenfußtypen.

Veröffentlicht 2005 in „Der Gletscherhahnenfuß".

BAROCK ODER BANGLADESCH

Die Zeit des Barock war für Tirol eine Zeit religiösen Aufschwungs und wachsender Glaubensfreude. Zu verdanken war das dem Eifer der Jesuiten, die im 18. Jahrhundert das Land achtzig Jahre lang durchzogen und alle zehn Jahre in den Dörfern Missionen abhielten. Die religiöse Erneuerung hat bewirkt, dass die Tiroler bis in den letzten Talwinkel hinein wunderbare Gotteshäuser bauten. Diese Kirchen waren nicht Dependancen von reichen Stiften oder edlen Geschlechtern, die würdige Grablegen wollten. Die Tiroler Dorfkirchen wurden von Bauern und Handwerkern, Knechten und Mägden errichtet. Und der Stil des Barock ist in die Herzen gegangen und hat die Mentalität des Volkes getroffen. Unzählige Künstler, manche von europäischem Format, kamen aus entlegenen Bergdörfern. Mit ihren schönen Kirchen verfolgten die Tiroler ein Ziel, das heutzutage wahrscheinlich nicht jedermann verstehen kann: Sie wollten am Sonntag nach ihrer schweren Woche ein Stück Himmel in der Kirche haben. Darum haben sie mit Deckenfresken den Raum nach oben aufgerissen, die Altäre ließen sie blitzen und funkeln und in Farben leuchten – und das in Heiligtümern, die so hoch oben stehen, dass man in den Almen und Bergweiden das Läuten hört.

Die Freude an den schönen Heimatkirchen ist in unseren Gemeinden bis heute nicht erloschen. Die Kirche und ihr Turm ist sozusagen ein Stück Identität. Die aufwändigen Renovierungen sind darum eigentlich nie am Finanziellen gescheitert – trotz aller religiösen Ermüdungserscheinungen, die es auch bei uns gibt. Ein wenig hat wahrscheinlich auch das Dorfbewusstsein und der Tourismus beigetragen. Aber mir haben Gäste aus dem Ausland gesagt, die Wärme der Tiroler Dorfkirchen erinnere sie an „Stuben Gottes". Das ist ein schöner Vergleich – und er freut mich noch mehr als die tollsten kunstgeschichtlichen Würdigungen.

Aber mit dieser Freude an schönen Kirchen möchte ich natürlich nicht behaupten, dass mit diesem ästhetischen Glanz die pastoralen Probleme von heute gelöst wären. Wenn die goldenen Heiligengestalten noch so verzückt am Altar stehen, es kommt auch heute mehr darauf an, ob und wer drunten am Altar agiert.

Letzteres hat ein alter Bauer treffend ausgedrückt, den ich durch den Dom von Innsbruck geführt habe. Wie wir unter der prachtvollen barocken Kanzel standen, bei der sich auf Dach und Brüstung die goldenen Engel austoben, hat er sich die Herrlichkeit lange angeschaut und dann gesagt: „Ja, ja, der Kumpf ist ja ganz schön – hoffentlich ist der Wetzstein auch was wert …" Zur Erklärung muss ich sagen, dass man mit „Kumpf" in Tirol den Behälter meint, den der Mäher mit etwas Wasser und dem Wetzstein auf dem Rücken trägt, damit er die Sense immer wieder schärfen kann. Die Kanzel hat er mit dem Kumpf verglichen. Mit dem Wetzstein hat er mich gemeint.

Mit dieser kleinen Episode sind wir nun im Dom – und hier war es mit der großen Renovierung etwas anders als draußen in den Dörfern. Die Pfarrgemeinde um den Dom ist verhältnismäßig klein, was ihre aktiven Mitglieder betrifft – und bei den Tirolern konnte ich eigentlich ein lebendiges Dombewusstsein nicht voraussetzen, so wie es etwa in Salzburg, Brixen oder München das ist. Bis 1964 war der Dom von Innsbruck einfach die Pfarrkirche von St. Jakob. Erst seit diesem Zeitpunkt sind wir eine Diözese. Daher fehlt dem Dom die Jahrtausendwürde, die andere Kathedralen haben.

Alljährlich wiederholte sich nun dasselbe Ritual. Der Landeskonservator und Chef des Denkmalamtes erschien bei mir, besprach die verschiedenen Renovierungsprobleme, um am Schluss immer ernster und eindringlicher zu sagen: „Herr Bischof, der Dom …" Er hatte natürlich Recht. Da waren die mit den mageren Mitteln der Nachkriegszeit dürftig renovierten Bombenschäden, der brüchige Stuck, die völlig falsche Färbelung und eine dunkle, düstere Patina an den Wänden, die Kerzen, Weihrauch und Staub im Lauf der vielen Jahre angelegt hatten. Dazu kam eine asthmatische Orgel, die nur mit liebevollster Betreuung und gutem Zureden ihren Beitrag zum Gotteslob leistete. Der Kunstverantwortliche des Landes hatte natürlich Recht. Aber ich dachte an die fehlenden Millionen. Trotz der zu erwartenden öffentlichen Subventionen blieb der Finanzierungsengpass – so kam der Dom immer wieder auf die Warteliste. Immer wieder drängte sich das Dilemma auf: Kirchenschönheit oder seelsorgliche Notwendigkeiten oder die Not der Welt? Ich musste den Hüter der Kunstdenkmäler des Landes immer wieder vertrösten.

Eines Tages kamen mir meine Mitbrüder zu Hilfe. Sie erklärten im Priesterrat, für eine Domsammlung bereit zu sein. Das war sehr großzügig. Man muss nämlich wissen, dass Pfarrgemeinden mit Sammlungen und Aktionen bis oben eingedeckt sind und meist auch selbst irgendein Renovierungsprogramm im Laufen haben. Es gelang, einen noch freien Sonntag nach längerem Suchen zu finden und dort eine Domsammlung anzusetzen. Der für die Kathedrale kreisende Klingelbeutel ließ dreieinhalb Millionen Schilling erwarten. Ich war froh und konnte mit der Renovierung beginnen.

Aber das Problem spitzte sich dramatisch zu. Am Montag vor dem genannten Sonntag schellte bei mir das grüne Telefon. Das war an sich eine bewährte Einrichtung. Diese Nummer hatten alle Seelsorger und Verantwortlichen der Diözese. Es ging direkt in mein Arbeitszimmer und war daher Tag und Nacht betriebsbereit. Es war 11 Uhr nachts – und am Apparat war der Katastrophenausschuss der Diözese, eine Arbeitsgruppe aus Caritas, Bruder in Not und Dreikönigsaktion. „Herr Bischof", lautete die Hiobsmeldung, „in Bangladesch ist eine der größten Flutkatastrophen der Erde mit Hunderttausenden Toten und vielen Tausenden Waisenkindern …" Wir müssen also effizient helfen. Caritas internationalis hat gebeten, dass Tirol den Bau von Sheltoncenters übernehmen soll, sturmfeste Fluchtgebäude, die im Notfall 2000 und mehr Menschen aufnehmen können. Selbstverständlich muss die Sammlung sofort erfolgen, das heißt, am kommenden Sonntag. Denn derzeit laufen

Innsbruck – Blick vom Planötzenhof

die erschütternden Berichte von Bangladesch im Fernsehen. In unserer von Medien geprägten Welt gilt der Slogan: aus den Augen, aus dem Sinn. Daher bleibt nur der nächste Sonntag.

Nach diesem Schock muss ich mich eine Viertelstunde erholen. Die Domsammlung geht natürlich den Bach hinunter – und mit ihr die erhofften Millionen. Man kann die Sammlung auch nicht verschieben. Es gibt keine Termine mehr. Jetzt steht also die Frage beinhart im Raum: Barock oder Bangladesch?

Dann kam mir plötzlich ein Gedanke in den Sinn, der manchem Leser ein wenig skurril erscheinen mag. Ich weiß ja selber genauso wenig wie Sie, wie das beim Weltgericht einmal zugehen wird. Aber ich habe mich gefragt, ob sich der Herr dort zuerst nach den brüchigen Stuckaturen und den dreckigen Gesimsen des Doms von Innsbruck erkundigen wird oder nach dem Elend des sowieso bitterarmen Bangladesch. Da wäre ich mir nicht sicher gewesen, ob er sich von mir mit wortreichen Hinweisen auf Marmorböden und silberne Altäre abwimmeln ließe …

So lief es also über Fax und Telefon an alle Gemeinden:

Am kommenden Sonntag ist Bangladesch-Sammlung – die Dom-Sammlung ist gestrichen. Es gingen dann statt dreieinhalb insgesamt elf Millionen ein. Wir konnten die dreifache Anzahl von Sheltoncenters errichten. Das ist ein kostspieliges Unternehmen, weil alles Material von weit her gebracht werden muss. Die Sturmzentren haben sich einige Jahre später bei einer neuen Springflut glänzend bewährt. Es gab nur mehr einen winzigen Bruchteil an Opfern in dieser so gefährdeten Tiefebene.

Und der Dom? Der ist eigentlich auch auf seine Rechnung gekommen. Denn einige Wochen später hat mir ein großer Wohltäter zehn Millionen Schilling geschenkt, und ein anderer zwei. Wenn man das alles zusammenzählte, waren es 23 Millionen – ungefähr das Siebenfache einer Sonntag-Klingelbeutelsammlung.

Da sage noch einer, das himmlische Rechnungsbüro sei nicht großzügig.

Aber das Grundproblem bleibt noch immer, für Sie und für mich, wenn ich auch heute mein kleines Privatkonto verwalte und so wie Sie nicht über Unsummen verfüge: Barock oder Bangladesch? Schönheit pflegen oder Not lindern? Überkommene Kultur verwalten oder soziales Engagement entfalten? Museale Aktivitäten oder Hoffnung für das menschliche Elend? Heiligenstatuen oder heimatlose Menschen?

Ich glaube, dass das harte „Entweder-oder" nicht ganz stimmt, wenn auch in vielen Fällen der Akzent auf dem Zweiten liegen muss. Aber mir ist eingefallen, dass die ärmsten Völker der Welt in ihrer religiösen Kultur Sinn für Schönheit entwickelt haben. Ich habe mich daran erinnert, dass in unserem Land die Gemeinden, die am meisten für ihre Kirche getan haben, auch in der Spitzengruppe bei den karitativen Sammlungen liegen.

Und schließlich habe ich mich an den erinnert, der Brot vermehrt und Tempelsteuer gezahlt hat.

Deshalb werden wohl beide Formen von Liebe ihre Geltung haben – und man darf ruhig sagen: Barock und Bangladesch.

Veröffentlicht 2005 in „Der Gletscherhahnenfuß".

JESUS UND DIE FRISÖRE

„Ich weiß, wie das gewesen ist!"

Der kleine Martin in der ersten Klasse fuchtelte aufgeregt mit erhobener Hand. Es ging um die Erzählung von der Heilung des Gelähmten.

„Also", sagte er und stemmte die Daumen unter die Hosenträger, „das war so: Der Jesus war in einem Haus zum Predigen – und da bist glatt nimmer einikemmen, soviel Leut' waren da. Dann haben sie einen Gelähmten daherzaart (= dahergezerrt) … "

„Was ist denn das, ein Gelähmter?"

„Der kann nimmer gehn. Wie dem Franzl sei Großvater … Dann haben sie also den Gelähmten zum Jesus hinbringen wollen, weil sie sich denkt haben, vielleicht kann er ihm helfen. Aber glabst vielleicht, die andern hätten ausg'stellt? Naa – stehn blieb'n sein sie wia die Stöck'! Dann haben sie a Loater (eine Leiter) g'holt und haben ihn aufs Dach aufi. Und dann hab'n sie a Loch ins Dach g'macht und hab'n ihn genau vor den Jesus abilass'n. Und der Jesus hat ihn ang'schaut, und dann hat er g'sagt: Deine Sünden sein weg!!"

„Da hab'n sich die andern im Zimmer denkt: Was redt denn der für an Bledsinn? Der kann ja gar koane Sünd'n wegnehmen, des kann ja lei der liebe Gott!

Da hat sie der Jesus ang'schaut und hat g'sagt" – und nun begannen die Augen des Martin zu blitzen, und sein Mund verzog sich zu einer gewissen Verachtung –„Was kann i nit?? Jetzt werd i enk zoag'n, was i kann! Und dann hat er zum Gelähmten g'sagt: Steh auf und geh hoam! Und dann ist der aufg'stand'n und hoamgangen! Aber dann seins dag'sess'n, die Frisöre!"

Die „Frisöre" waren natürlich die Pharisäer.

Martin, der die Geschichte mit jener meisterhaften Dramatik erzählt hatte, zu der Kinder nur dann finden, wenn sie im Dialekt reden dür-

RSI

fen, hat das völlig fremde Wort mit einem bekannteren vertauscht, und
so kam ein ehrsamer Berufsstand in eine etwas merkwürdige Rolle im
Neuen Testament.

Aber die Erinnerung an die etwas dumm dasitzenden „Frisöre" ver-
lässt mich nicht. Streng genommen waren auch die Pharisäer ein durch-
aus ehrenwerter Berufsstand, der sich um die Bewahrung des jüdischen
Glaubens bemerkenswerte Verdienste erworben hatte und der in seinen
Reihen auch sehr respektable Mitglieder hatte. Die Gruppe, mit der sich
Jesus auseinandersetzt und die bis heute das Wort „Pharisäer" leider
negativ prägt, war ein fanatisch-fundamentalistischer Flügel, der viel
Geltungsdrang mit Kleinkariertheit verband, wie es immer so ist, wenn
Würdebewusstsein und Horizont nicht ganz zusammenstimmen … Die
Frage ist eigentlich, warum die Auseinandersetzung Jesu mit diesen ex-
tremen Mentalitäten im Evangelium einen so großen Raum einnimmt.
Als die Schriften des Neuen Testaments Gestalt annahmen, hatten die
Pharisäer kaum mehr eine aktuelle Bedeutung für die junge Kirche.

Warum also so viel Aufhebens? Ich ahne heute, warum. Und je länger ich den Lauf von Kirche und Welt betrachte, umso deutlicher wird es mir.

Es geht gar nicht um die Handvoll Gegner Jesu, die in ungenauer Verallgemeinerung als „Pharisäer" bezeichnet werden. Es geht um die Echtheit des Glaubens schlechthin, um den Kern wahrer religiöser Haltung.

Es wird sie nämlich immer geben – die Leute, die da meinen, ein menschliches Gebot sei wichtiger als ein göttliches.

Es wird immer Leute geben, die da glauben, ihre aszetischen Leistungen stünden höher als die Gnade und Güte Gottes. Und immer wieder treten Menschen auf, die auf Grund ihrer höheren Bildung oder ihres erhabeneren Standes mit einer gewissen Verachtung auf die kleinen, einfachen Leute herunterschauen, wie damals einige Hochgestochene abwertend die einfachen Leute „Volk der Erde, das vom Gesetz nichts versteht" genannt haben.

Es werden auch niemals jene aussterben, die für andere harte moralische Urteile haben, weil sie in Wirklichkeit mit sich selbst nicht ins Reine gekommen sind und in den anderen sich selbst bestrafen.

Und es wird immer solche geben, die die Barmherzigkeit Gottes nicht begreifen, nur die von ihnen selbst geschaffenen Paragraphen.

Weil es diese verbogenen Mentalitäten immer wieder gegeben hat und geben wird, in uns, in der Kirche und in der Gesellschaft, deshalb steht so viel von dieser harten Auseinandersetzung Jesu mit dieser Geisteshaltung, die man als „Pharisäismus" bezeichnet, im Evangelium. Vermutlich werden manche bis zum Weltgericht dem Herrn vorschreiben wollen, wo er verzeihen darf und wo nicht. Und wenn dann am Ende die ganze Woge der göttlichen Güte über alle Lähmungen, Unzulänglichkeiten und eingestandenen Bosheiten der Menschheit hereinbricht, in einer Weise, die wir uns nicht vorstellen können, weil wir eben mit dem winzigen Feldstecher unseres Geistes die ungeheuren Energien der Sternenwirbel Gottes nicht zu erfassen vermögen – wenn also dieses ganze Wunder der Barmherzigkeit zum Schlussakkord ansetzt, jeden Hauch eines guten Willens umarmend – dann könnte ja der dramatische Satz des kleinen Martin wieder stimmen:

„Dann werd'ns dasitzen, die Frisöre … "

Veröffentlicht 1997 in „Fröhlich und ernst unter der Mitra".

DER ALLWETTERCHRIST

Eine Trostpredigt, gehalten für andere und mich selbst

Hinsichtlich der Frisur ist die Frage der klimatischen Belastungen ge-löst. Es gibt Schönheitsmittel, die es erlauben, an tropischen Stränden, in arktischen Meeren und im Dauerregen unbekümmert die Locken zu schütteln, so man welche hat.

Aber mit dem Glauben ist das nicht so einfach. Er lebt und leidet mit dem wechselnden Klima einer Weltkirche, die nun einmal seit jener Nacht, in der der Fallwind vom Hermon her den See Genesareth auf-wühlte und den Ruderern im Boote allen Mut nahm, nicht nur durch blaue Meere und milde Passate fährt.

Im Wetterbericht einer Weltkirche gibt es auch Hochs und Tiefs, Kalt- und Warmfronten, die aufeinanderprallen und sich ineinander-schieben – und das löst Wetterstürze aus, Niederschläge mit Schnee bis in die Tallagen, mit anschließender Lawinengefahr und drohendem Hochwasser. Sicher ist seinerzeit am Ostermorgen über diesem ganzen atmosphärischen Kuddelmuddel eine nie verlöschende Sonne aufge-gangen. Sie hat auch nie aufgehört zu strahlen, aber das heißt nicht, daß sie ungebrochen und ungestört für jeden glänzt. Der Herr hat uns und seiner Kirche keineswegs eine durchgehende Schönwetterperiode bis zum Jüngsten Tag versprochen.

Ich kann mich erinnern, daß das Konzil als Hoch empfunden wurde. Wenn man mit Bischöfen gesprochen hat, die die bewegenden Jahre in der Aula von St. Peter erlebt haben, dann war das immer so, als träfe man einen Bergsteiger, der von einer Gipfelstunde schwärmt. Da hatte man das Gefühl eines Aufrisses, der die Wolken ausgeräumt und große Fernsicht geboten hat.

Die kirchliche Wetterlage hat sich etwas verändert. Da gab es krei-sende Wirbel von Extremen, die Ängste ausgelöst haben, wirkliche und eingebildete Ängste um Verlust von Glaubenssubstanz und Tradition,

Identitätsverlust des Katholischen und Gefährdung der Autorität. Es haben sich Haufenwolken des Misstrauens gebildet. Manchmal sind Platzregen der Indoktrination niedergegangen, die die Herzen nicht erreicht und nicht überzeugt haben. Es gab Warm- und Kaltfronten einer offenen und sich verschließenden Kirche, hie und da haben sich Gewitterfronten aufgetürmt, und manchmal hat's geblitzt. Lokale Aufhellungen und Föhneinbrüche des Heiligen Geistes können über die instabile Wetterlage in der Kirche nicht hinwegtäuschen.

Was ist also zu tun?

Wie soll man sich als Christ verhalten?

Wenn ich aus meinem Fenster hinausschaue, sehe ich gerade, wie über die Nordkette die Schneewolken herunterkommen. Die Gipfel sind eingehüllt. Werde ich zu Hause sitzen, keinen Schritt vor die Tür tun und für einen überhöhten Blutdruck sorgen? Ich werde trotzdem für ein paar Stunden da hinauf in die Wälder gehen.

Aber ich

zieh mir einen wärmeren Pullover an,

hole festere Schuhe heraus

und nehme einen Regenschutz mit.

Und diese Empfehlung möchte ich an alle weitergeben, die mit dem Kirchenklima nicht zurechtkommen. Es ist ungesund, wegen schlechter Wetterlage im Kämmerlein privater Frömmigkeit zu bleiben und den Gang ins Freie nicht mehr zu wagen.

Zunächst: der wärmere Pullover.

Ich meine damit, dass eine derartige Situation eine Wende zur Liebe verlangt. Damit bleibt man sozusagen auf der unvergänglichen Ebene christlichen Lebens. Das ist immer richtig und muss nie widerrufen werden. In den schlimmsten Zeiten kirchlichen Verfalls, im 15. und 16. Jahrhundert, ist vieles im Argen gelegen. Aber auch bei den schwersten Missständen der Hierarchie bis hinauf zum verweltlichten Papsttum hat man sich unten um Arme und Behinderte, Heimatlose und

Waisenkinder bemüht, Medizinen für die Kranken gebraut und Spitäler und Altersheime eingerichtet. Das waren die wärmenden Pullover des Christseins – und die sie angezogen haben, haben die Zeiten überstanden. Konfessionelle Landsknechtsheere sind verschwunden, geistliche Fürstentümer wurden abgeschafft, die Streitgespräche der Religionsparteien vegetieren höchstens noch in irgendwelchen Archiven. Die Liebe bleibt. Und während Bischöfe Paläste und Lustschlösser bauten, schaute Ignatius von Loyola in der Höhle von Manresa die Geheimnisse der Erlösung, wurde Nikolaus von der Flüe in seiner Einsiedelei vom dreifaltigen Wirbel der ewigen Liebe erfasst …

Es gibt sie auch heute, die wärmenden Pullover. Ich sehe viele mit den verschiedensten Mustern und Farben in den Auslagen der Epoche. Man müsste sich nur das Passende suchen. Die Auswahl ist groß. Und die Nächstenliebe ist heute so erfinderisch wie eh und je.

Die Aktivitäten einer Mutter Teresa, die Sorge um Straßenkinder in den Elendsvierteln der Welt, die Nachbarschaftshilfe, die Hungeraktion und das Engagement für Behinderte bleibt nach dem Gesetz „Am größten aber ist die Liebe" genauso krisenfest wie die Aufbrüche echter religiöser Tiefe und die Gebete der Wallfahrer. Der wärmende Pullover der Liebe hat alle Wetterunbill der Kirchengeschichte überstanden und ist immer farbecht geblieben.

Das Zweite sind die festeren Schuhe.

Wenn ich meine Bergschuhe anhabe, ist mir der Zustand des Weges doch ziemlich egal. Er kann nass, schmutzig, rutschig oder steil sein. Und wenn ich mir dazu noch die Steigeisen anschnalle, gehe ich über Blankeis mit den Händen im Hosensack.

Mit den festeren Schuhen für Krisenzeiten in der Kirche meine ich eine tiefere Bildung. Man muss ein klareres Urteil gewinnen. Schon Jesus hat seine Gegner darauf gedrängt, besser zu unterscheiden zwischen Wesentlichem und Unwesentlichem, Göttlichem und Menschlichem, Bleibendem und Veränderbarem.

Wir brauchen in stürmischen und verwirrten Zeiten Bildungsbergschuhe aus dem Kernleder des Gotteswortes, der Profilsohle des bewussten und vertrauenden Glaubens und den festen Schnürsenkeln des Hausverstandes. Und es muss ein Schuhwerk sein, das mir und meiner Situation angepasst ist, ob ich nun ein Pfarrgemeinderat, eine Religionslehrerin, eine Frau und Mutter oder ein Bischof bin. Der Theologiestudent, der auch schwierigere Probleme angehen muss, braucht eben die Kletterschuhe der Wissenschaft. Es gibt viele gute Schuhfirmen in der Kirche, will sagen Bildungseinrichtungen – und man soll sie benützen. Mit den glitzernden Ballschuhen exaltierter Frömmigkeit kann man nicht durch Regenzonen wandern. Und mit den Schlafpantoffeln der Indolenz und Gleichgültigkeit wird man nicht durch die Schneeverwehungen des Zeitgeistes stapfen …

Bleibt noch der Regenschutz.

Wenn es ganz arg wird, muss man ihn umhängen oder den Schirm aufspannen. Was ist damit gemeint? Damit möchte ich eine Haltung bezeichnen, die ziemlich schwierig ist und auch falsch verstanden werden kann. Es geht hier keineswegs um eine Empfehlung zur Passivität oder einer Aufgabe von Mitverantwortung oder dem Schweigen zu allem und jedem. Aber ganz in der Tiefe, im letzten Hintergrund aller Enttäuschungen und aller Erfolge brauchen wir einfach eine christliche Gelassenheit, ein Stück vom langen Atem der Geduld. In unserer hektischen Epoche verlegt man diesen Regenschirm leicht. Wir drehen bald einmal durch, wir schmeißen rasch einmal hin, wir können's nicht erwarten, wir haben keine Zeit. Der Regenschirm der Geduld hat viele Schlechtwetterperioden überdauert. Und immer wieder kommt eine Situation, in der man ihn aufspannen muss oder wieder schließen kann. Jesus hat den Regenschirm zwar nicht gekannt, aber von der Geduld hat er sehr wohl gesprochen. Zum Beispiel zu den übereifrigen, die unbedingt alles Unkraut ausreißen wollten und dabei das Weizenfeld zertrampelt hätten: Seid mit den disziplinären Maßnahmen, mit dem Ausgrenzen und Ausschließen und dem schnellen Verurteilen vorsichtig! Ihr zerstört damit nur die guten Ansätze in den Menschen ...

Apropos Regenschirm! Der Regenschirm der Geduld muss nicht unbedingt schwarz und dezent sein. Er kann auch frische Farben haben. Damit möchte ich zum Ausdruck bringen, dass die christliche Geduld durchaus mit Humor verbunden sein kann. Die Humorlosigkeit ist nämlich das Vereinsabzeichen der Fanatiker aller Richtungen in unserer Zeit.

Das wären die drei Empfehlungen für den Allwetterchristen: wärmerer Pullover, festere Schuhe und Regenschutz. Neulich bin ich bei einem ausgesprochenen Sauwetter über Österreich geflogen. Über 6000 Meter war strahlende Sonne über der Wolkenwaschküche. Das dürfen wir auch nicht vergessen: Dass über aller klimatischen Unbill die Sonne des Auferstandenen leuchtet, der „sol invictus", die unbesiegte Sonne. Einmal wird die Stunde kommen, in der wir alle drei Dinge nicht mehr brauchen: den Pullover, die Bergschuhe und den Regenschutz.

Veröffentlicht 1997 in „Fröhlich und ernst unter der Mitra".

GELEISE INS MITEINANDER

Daran muss ich denken, wenn der Zug den Großbahnhof verlässt und die vielen Parallelgeleise sich mit Querverbindungen und Weichen zu vernetzen beginnen und immer neue Stränge sich einbinden. Die Räder des Zuges registrieren diesen Vorgang jedes Mal mit einem leichten Schlag und einem Beben, das bis in die Abteile der Reisenden reicht, gerade so, als sei das vielfache Miteinander der Schienen nicht ganz ohne Probleme.

Auch die Geleise des Miteinander hat der Herr gelegt, damals, als der Zug aus dem Bahnhof der Heilsgeschichte rollte. Am Vorabend des Leidens hat er zu den Seinen gesagt: „Vater, lass sie eins sein, wie wir, du und ich, eins sind …"

Auch damals hatte die Fahrt ins Miteinander keinen glatten Start. Selbst in der so schicksalsschweren Stunde des Abendmahls gab es im Jüngerkreis geheimen Ehrgeiz und Rivalitäten, verborgene Machtansprüche und beschämenden Geltungsdrang. Und der Sohn Gottes hat zur Wasserschüssel gegriffen, um ihnen in der Rolle des Sklaven die Füße zu waschen. Er hat gewusst, was die Geleise in die Einheit immer wieder gefährden wird: der Egoismus und Eigensinn des Einzelnen und der falsche Umgang mit Autorität und Macht.

Die Erfahrung des Miteinander scheint auch im Intercity des Heils, der ins Morgen fährt, entscheidend für die Stimmung der Reisenden zu sein. Das Erlebnis konkreter Gemeinschaft in der Kirche schafft so etwas wie Fahrkomfort: Man fühlt sich wohl, wenn man ein Klima des Miteinander zu spüren bekommt.

Ich will mich nicht zuerst bei den holpernden Weichen und hemmenden Baustellen aufhalten, die unseren Zug einbremsen. Ich möchte mich lieber fragen, wo man heute das Kirchenmiteinander positiv erlebt. Vielleicht in jener Volksschulklasse draußen auf dem Land, in der ich die Frage gestellt habe: „Wer gehört zur Kirche?" Nach eifrigem Handgefuchtel hat ein Achtjähriger prompt erklärt:

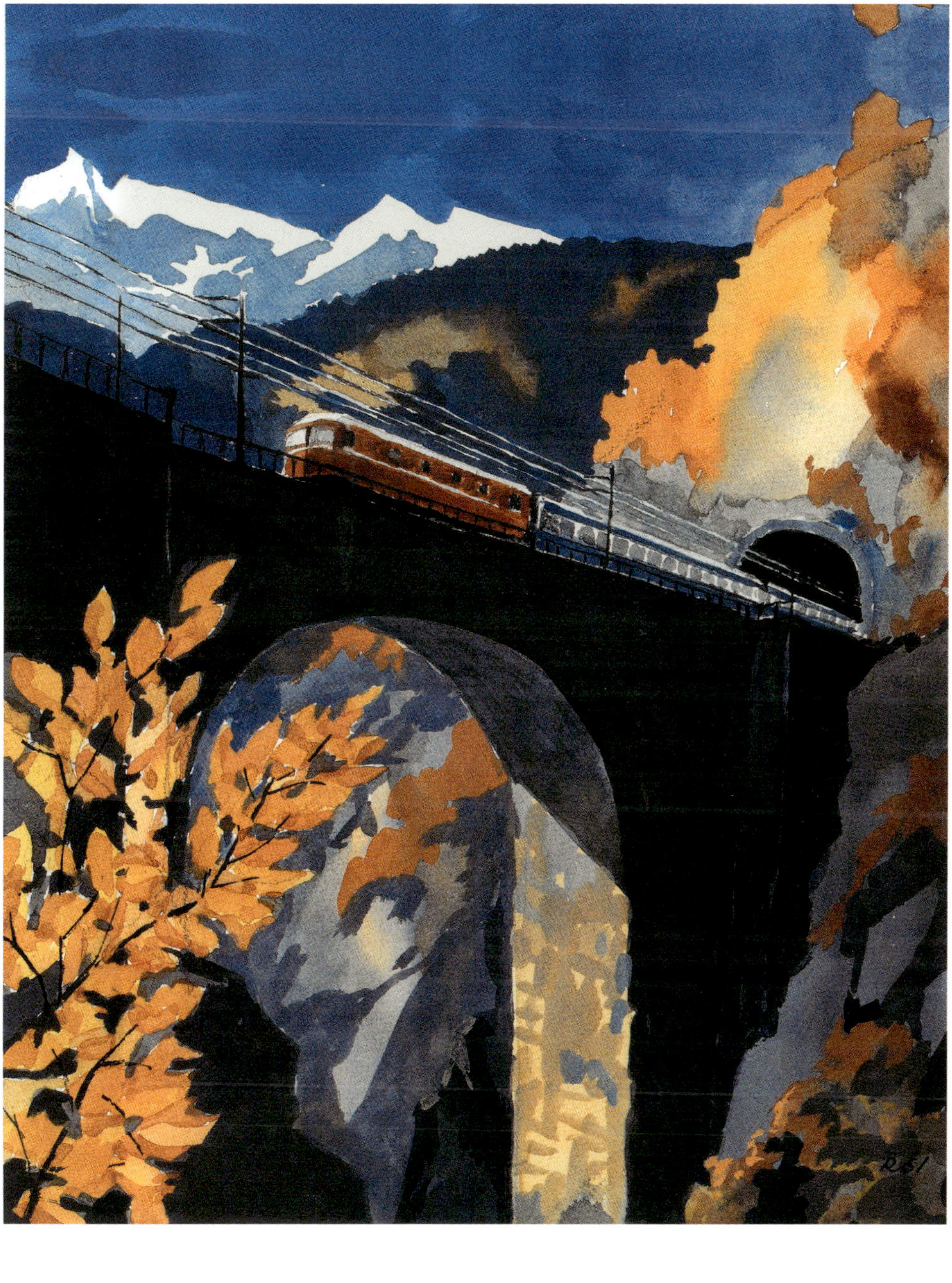

„Mir!" (was auf Tirolerisch „wir" heißt). Wenn man mich im selben Alter so gefragt hätte, dann hätte ich vermutlich gesagt: „Der Pfarrer, der Kaplan, die Schwester vom Kindergarten und vielleicht der Mesner …" (Aber Letzterer schon mit Vorbehalt: Er war beweibt, saß öfters im Wirtshaus, und darum wäre er bei frommen Aufzählungen wahrscheinlich durchgefallen.)

Auf der einen Seite muss ich offen gestehen, dass es das „Wir-Erlebnis" heute öfter gibt als früher. Ich habe es in beglückender Weise im Teamwork von Gemeinden, im Engagement unzähliger Menschen in Organisationen und Initiativen aller Art erfahren. Ein Hauch von „wir" liegt über dem Einsatz für Kranke und Sterbende, in der Zusammenarbeit für Kirchenrenovierungen, in Chören und Musikgruppen. Wir-Gefühle wachsen in Jungscharlagern mit tausend Kindern und in den vollen Pilgerzügen. Und das Wir-Erlebnis greift über Gemeinde und Nachbarschaft hinaus in die weite Welt, umfasst albanische Dörfer und südamerikanische Slums. Diese feinen Netze des Wir reichen von den kleinen, familiären Kreisen der Ortskirche bis über Kontinente. Mir scheint auch, dass in vieler Hinsicht die Trennung von klerikaler und laikaler Kirche besser überbrückt wird als in meiner Jugendzeit. Es fahren immer weniger Kleriker in den exklusiven Weihraucher-Abteilen eines überzogenen Würdebewusstseins, eine Entwicklung, die der Größe des Priestertums wahrhaftig keinen Abbruch tut.

In einem sehr zentralen Punkt der Kirche ist in dieser Epoche auch ein neues Miteinander aufgebrochen: das Miteinander rund um den Altar. Hier haben die liturgische Bewegung und das Konzil viel geändert. Wir haben eine Mitte, zu der wir alle gehören. Um bei der Bildwelt der Eisenbahn zu bleiben: In unserem Intercity des Heils fährt ein Speisewagen mit, in dem alle aus allen Wagen und Klassen zusammenkommen. Es ist der Speisewagen der Eucharistie, und im Kirchenzug ertönt wie im Intercity immer wieder die Durchsage: „In der Mitte des Zuges befindet sich ein Speisewagen, in dem wir Sie gerne erwarten …" Er fährt seit jenem denkwürdigen Gründonnerstag mit, weil es der Herr so wollte. Er ist der entscheidende und zentralste Punkt des Miteinander. Und darum darf dieser Speisewagen aus den Zugsgarnituren Gottes nicht verschwinden. Und keine Bahnverwaltung kann dieses Wegrangieren achselzuckend damit begründen, dass eben zu wenig Personal vorhanden sei …

In dieser Weltstunde stört nichts mehr als das Versagen des Miteinander-Schienennetzes. Der Mensch leidet doch in dieser urbanisierten und überzivilisierten Welt an Vereinsamung. Die sich überstürzenden Neuerungen im Bereich der Kommunikationstechnik werden daran gar nichts ändern: Trotz des Faxgerätes im Wohnzimmer, des Videotelefons auf dem Nachtkästchen und des Handys in der Aktentasche steigt die Isolation. Der Mensch braucht mehr Herz. Deshalb hängt vom Gelingen des Miteinander ein gutes Stück Glaubwürdigkeit der Kirche ab.

Und so schmerzen die eingefrorenen Weichen der geistigen Unbeweglichkeit und die Schneeverwehungen der unnötigen Vorurteile, die dem Kirchen-Intercity die großen Verspätungen eintragen. Diese nachkonziliare Fahrstrecke kennt nicht nur die Entfaltung, sondern auch die Störungen des Miteinander: Schwierigkeiten im Bereich von Hierarchie und Basis; ungelöste Fragen im Verhältnis von Ortskirche und Zentrale; das uralte, im ersten Jahrtausend der Kirche gültige Gesetz, dass für das Amt in der Kirche auch das Vertrauen von unten da sein muss, und dass man mit einem System von Weisung und Loyalität allein nie das Auslangen findet, wird von manchen für unwichtig gehalten; und dass aktive Mitverantwortung immer auch eine gewisse Form von Mitsprache erfordert, hat sich als allgemeine Erkenntnis nicht überall durchgesetzt. Und so fährt der Intercity des Heils wegen hausgemachter Baustellen im Schritttempo. Und es sind gerade die engagierten Mitreisenden, die da fürchten, dass er die Anschlüsse in unserer Gesellschaft verpasst. Die nur im Schlafwagen mitfahren, kümmert das weniger.

Ich weiß, warum ich so für den Ausbau der Geleise des Miteinander plädiere. Denn manchmal habe ich das Gefühl, dass die Geleise nicht zusammenlaufen, sondern auseinander. Und wer die Kirchengeschichte einigermaßen kennt, weiß, was mit den Schienen geschieht, die sich da lösen und ins Abseits entschwinden: Selten kehren sie zurück. Die Wiedervereinigung ist mühsam. Manchmal verändert sich die Spurweite der Lehre so, dass das Miteinander kaum mehr zu verwirklichen ist. Es geht heute in der Kirche ein Gespenst um, das die Geleise der Einheit bedroht, die dem Herrn so am Herzen gelegen sind: Es ist das Gespenst der Polarisierung. Am gefährlichsten wird es dort, wo man häretisiert, trotzdem nur eine andere Meinung, aber keineswegs eine Häresie, eine Leugnung einer Glaubenswahrheit geäußert wird. Und ebenso bedenklich ist die Ausbreitung eines hemmungslosen Individualismus, der sich die grundsätzliche Route des Heils selber festlegt.

Auch im Bereich der Weltanschauung und Religion gibt es heute einen überbordenden Individualverkehr, der auf ein Chaos hinsteuert. Viele wollen überhaupt in keinen Zug einsteigen. Es ist kein Trost, wenn man feststellen kann, dass es im gesellschaftlichpolitischen Bereich ganz ähnlich zugeht.

Umso mehr gilt: Man muss in der Kirche auf die besorgten Stimmen hören, und man muss alles tun, eingefrorene Weichen aufzutauen und das Schienennetz des Miteinander fahrtüchtig zu machen.

Eines hat der Herr versprochen: dass sein Intercity nie in die absolute Katastrophe, in das endgültige Scheitern fahren wird. Der Kirchenzug wird nicht im Eisenbahnmuseum der Weltgeschichte landen. Aber deshalb ist er nicht gegen Verspätungen, Versäumnisse und verpasste Chancen gefeit. Und darum sind hinsichtlich der Geleise des Miteinander alle gefordert: Bahnverwaltung und Stationsvorstände, Zugpersonal, Streckendienste und Mitreisende. In diesem Bereich muss es für die Kirche der Zukunft auch den Mut zur Innovation geben. Das Miteinander muss in allen Bereichen besser werden, nicht nur auf den untersten Ebenen.

Veröffentlicht 1995 in „Geleise ins Morgen".

TROST AUS DER TIEFE

Anfang März 2013, also rund fünf Wochen nach seinem Tod, hätte Bischof Reinhold Stecher auf Einladung der Bayerischen Katholischen Akademie einen Einkehrtag für Seelsorger in München halten sollen. Unter den vielen Unterlagen habe ich in Stechers Nachlass ein handschriftliches Manuskript mit dem Titel „Trost aus der Tiefe: der Geist. Einkehrtag für Priester, 4. März 2013" gefunden, also den Entwurf einer Betrachtung, die er für diesen Anlass vorbereitete. Im Tiroler Sonntag, der Kirchenzeitung der Diözese Innsbruck, wurde dieser Text im Jänner 2017 zu Stechers viertem Todestag erstmals veröffentlicht.

Die Begegnung mit dem dynamischen Gott

Ein Rückblick auf mein Leben an sich ist nicht besonders spannend. Liebe Mitbrüder, Ihr braucht etwas anderes als einfach die Memoiren eines uralten Bischofs. Was wir brauchen, ist der Trost aus der Tiefe und darum möchte ich Euch an diesen Trost aus der Tiefe erinnern, den unser Herr uns gegeben hat, nämlich den Heiligen Geist. Und da darf ich die Erfahrungen des Lebens ein wenig miteinbringen, weil für mich der Gedanke und die Verehrung für den Heiligen Geist zum spirituell Wichtigsten geworden sind. Die Ruach (*dieses Wort schreibt der Bischof in hebräischer Schrift*), der Gottesgeist, der so wie die Weisheit ein überwältigendes Theologumenon des Alten Testamentes ist.

Wie mir seinerzeit mein Bischof zu doktorieren befohlen hat, habe ich mich vier Jahre lang mit dieser Vorstellung einer geheimnisvollen Dynamis, die von Gott ausgeht und formend und helfend und heilend die Welt, die Geschichte und das Menschenherz umgreift, intensiv befasst – und bis heute habe ich diese Mühe nie bereut. Geist und Weisheit – am eindrucksvollsten dargestellt in dem Buche der Weisheit Salomons (Weisheit 7,22–26).

Dieses sanfte Walten des Geistes ist kein „Es war einmal", sondern lebendige Gegenwart bis in diese Stunde. Ich verschließe die Augen nicht vor dem Dunkel in Welt und Kirche, in Enttäuschungen und Frust, im Umsonst von Wünschen, Vorschlägen und Beschwerden, die ich so erlebt habe wie die meisten von euch. Aber mitten in diesen ziehenden Nebeln strahlt die Sonne des Geistes auf. Ich habe ihn erfahren und erfahre ihn als Lichterscheinung. Und deshalb bleibe ich bei Lichtbildern.

Das erste Lichtbild ist der Scheinwerfer, die orientierende Seite des Geistes. Der Scheinwerfer des Autos tastet sich in der Nacht voraus, auch wenn rundherum die Welt und die Landschaft im Dunkeln bleibt. Der Scheinwerfer zeigt mir die Straße, die Begrenzungslinien, die Randsteinstrahler, zeigt mir die Kurven an, erhellt Hinweistafeln, Warntafeln, Abzweigungen, Entfernungen. Kurz gesagt: Er zeigt mir, worauf es ankommt, damit ich mein Ziel erreiche.

Und genau das ist die Formulierung der Weisheit, der Gabe des Geistes: Nicht alles wissen, nein, erfassen, worauf es ankommt! Die tiefe Wertsicht, die Einschätzung dessen, was wichtig ist und was nicht. Das ist nicht an akademische Grade gebunden. Aus ganz einfachen, schlichten Menschen kann diese Gabe der Weisheit herausstrahlen.

Wir müssen beten, dass uns der Geist immer wieder diesen Scheinwerfer einschaltet. Gerade wenn man pastoral und spirituell überbeansprucht ist, wenn Herausforderungen und Aufgaben menschlich schwierig zu bewältigen sind: Das Wesentliche erkennen und tun, so gut man kann.

Wir müssen beten, dass wir auch theologisch erkennen, worauf es ankommt. Was ist die zentrale Botschaft Jesu, was ist wirklich Dogma und *de fide divina* und was nicht, was ist sekundär, menschliche Ordnung, zeitgebunden, zweitrangig.

Und wir müssen um diesen Scheinwerfer in der Kirche beten, weil da auch die Gefahr droht, dass das passiert, was Jesus so hart und intensiv und zeitlos am Pharisäismus ausgestellt hat: „Ihr gebt Gottes Gebot preis und haltet euch an die Überlieferungen der Menschen …" (Mk 7,8). Wir müssen um den Scheinwerfer beten, weil die Herde auf der Strecke bleibt. Und wir müssen um den Scheinwerfer im ökumenischen Bemühen beten: Damit man auf beiden Seiten erkennt, worauf es ankommt. Je tiefer man in das Wesen der Sache Jesu eintaucht, umso näher kommt man sich. Aber auch das ist Geschenk des Geistes.

Das zweite Lichtbild für den Heiligen Geist ist anderer Art: In Tirol gab es Wolframbergwerke, und ich habe sie als Priester besucht. Die Bergleute in den dunklen Stollen hatten Speziallampen, mit denen sie das Gestein anleuchteten. Und wenn der Lichtstrahl auf Scheelit traf, das wolframführende Gestein, leuchtete es auf, mitten im kalten, toten Fels, und so wurde es abgebaut.

Es gibt eine Gabe des Heiligen Geistes, die für uns Seelsorger und die ganze Kirche von heute eine große Bedeutung hat und die ich mit der Wolframlampe vergleichen möchte: Die Fähigkeit, das Gespür, die Sensibilität, das Gute im Menschen und in der Welt von heute zu erkennen, es zu akzeptieren, sich daran zu freuen, es da und dort zu motivieren. Man muss die negativen Dinge sehen und manchmal auch beim Namen nennen, aber der Blick für das Gute, das Positive, das zu Bejahende verändert die Welt und nicht das ständige Gejammer über alles Böse und alle Skandale.

Im pädagogischen Bereich, in dem ich 25 Jahre tätig war, ist das ganz evident: Motivierend für den Schüler sind nicht die roten Korrekturen – die braucht es auch –, motivierend ist die positive Zuwendung, der Glaube an Fähigkeiten, das positive Vorurteil, die Anerkennung des Guten. Und so ist es in der Pastoral. Wir brauchen die Wolframlampe des Geistes, damit wir motivierend in dieser Welt wirken können. Wir brauchen sie, damit wir Mitarbeiter bekommen, und wir brauchen sie, damit wir über die Grenze der sichtbaren Kirche hinaus das werden, von dem man oft mit großen Worten spricht: ein Zeichen für das Heil.

Auch wenn es lange, dunkle Stollen gibt – es leuchtet auch heute vieles auf, weil der Geist im ganzen All weht und die Erde erneuert.

Wir müssen nur bitten, dass wir im Frust des Alltags nicht die Wolframlampe fallen lassen. Papst Johannes XXIII. hatte diesen Blick und hatte das positive Echo in der Moderne.

Das dritte Lichtbild: das ewige Licht. Der Trost der Intimität *(diesen Punkt hat Bischof Stecher leider nicht mehr näher ausgeführt).*

Und nun noch ein viertes Lichtbild für das Walten des Geistes: das Kronennordlicht. Die tröstliche Schau.

Es ist eine Erinnerung, eine positive Erinnerung an eine Zeit, die an sich schrecklich war. Wir hatten im Herbst und Winter 1944 zweitausend Kilometer Rückzug durch Finnland und Lappland zurückgelegt, achthundert Kilometer auf Schiern und nie mit einer anderen Behausung als einem lausigen Zelt ohne Boden. Und wir waren immer weniger geworden. Und wir hatten die schlechteste aller Aufgaben, wir waren nämlich die Nachhut. Und nun hatten wir endlich in einer kalten Polarnacht das norwegische Hochgebirge erreicht. Wir waren unser zehn, die allerletzte Nachhut von Dreihunderttausend. Wir waren erschöpft, ausgepumpt, hungrig, alles Essen war gefroren, das Stück Brot im Hosensack taute nicht einmal nach vierzig Kilometer Langlauf auf.

Und nun standen wir auf dem Hochgebirgspass, von dem aus es hinunter zum Nordmeer ging. Und da erlebten wir ein einmaliges Naturphänomen: ein Kronennordlicht. Plötzlich war in der sternenklaren Nacht ein heller Lichtstreif rund um den ganzen Horizont. Und von diesem Lichtstreif schossen Strahlen zum Zenit hinauf, zum Polarstern, der dort senkrecht über uns stand. Das Ganze war wie eine leuchtende Kaiserkrone, und durch die Lichtstrahlen schimmerten die Sterne wie Edelsteine. An sich waren wir damals stumpf für solche Schönheiten, aber ich habe den Anblick des dunklen, aber erhellten Weltalls, in dem

Nordlicht über Lappland

alle Strahlen sich in einem Zentrum treffen, nie vergessen. Auf dem Boden Elend, Angst, Müdigkeit, Tod, Hunger und Kälte – und doch darüber das erleuchtete All.

In aller Regel hat Reinhold Stecher einen Vortrag mit einer Zusammenfassung zu Ende geführt. Dies war ihm hier offenbar nicht mehr möglich. Damit ist es jedem Leser , jeder Leserin überlassen, für sich selbst das Fazit aus diesen Ausführungen zu finden.

Unveröffentlichter Text

Statt eines Nachworts

LYRIK AUF DER SECEDA

Reinhold wollte bis zuletzt immer wieder in die Höhe. So fuhren wir mit ihm am 20. August 2012 mit der Seilbahn vom Grödental auf die Seceda. Dort spazierten wir auf einem sehr flachen Wanderweg dahin und nahmen auf einer angrenzenden Wiese unser Picknick ein.

Um diese „Bergtour" ins Gedicht zu bringen, trug er uns beim Picknick Folgendes spontan vor, das ich sofort in meinem Skizzenblock stenografisch festhielt:

„Die einst Alpinisten hießen,
flacken heute auf den Wiesen.
Sie meiden harte Grat und Wände
und lieben nur noch flach's Gelände.
Und statt zu gehn auf kühnen Führen,
tun sie die Seilbahn abonnieren.
Den Fels bewundern sie von ferne,
das Eis, das haben sie noch immer gerne.
Man liegt in Alpenrosen hier
und liebt nur noch das Dosenbier.
Einst warn wir, wo die Adler wohnen,
jetzt reichen uns die Bergstationen.
Ich sitze hier recht faul und schlappe,
der Bergschuh ist nur eine Attrappe.
Ich nimm zur Kenntnis, dass das so isch,
nur das Gefühl ist noch heroisch.
Einst war ich stark, jetzt bin ich schwach.
Aufstehn geht mit Ach und Krach,
und ist die Tour nur noch ein Schmäh,
das Aug blickt kühn wie eh und je."

Blick vom Col da Fill (Seiser Alm) zur Seceda

Kurz darauf treten wir den „Rückmarsch" an, wieder ohne sonderliche Steigung. Etwa 200 Meter vor der Bergstation zweigt ein Weg nach rechts ab, führt steil hinauf und endet auf einer Anhöhe mit einem großen Kreuz. Dort will er unbedingt hinauf. Ich bin hinter ihm. Etwa 20 Meter vor dem Kreuz bleibt er – schwer atmend – stehen und sagt nach einer kurzen Ruhepause: „Jetzt merke ich langsam, dass ich alt werde!", um gleich anschließend wieder „lyrisch" zu werden:

„Auf einmal stehe ich verwundert,
zwischen neunzig und bald hundert!"

Er war zu diesem Zeitpunkt neunzigeinhalb Jahre alt.

DER HORIZONT BLIEB HELL

Wenn man neun Jahrzehnte zurückschauen darf und sich fragt, welche Bilder sich am tiefsten eingegraben haben, dann lande ich bei den großen Horizonten. Ich hatte schon als Kind den gleichen gewaltigen Berghorizont beim Spielen vor mir wie heute an der Schreibmaschine. Es waren die Silhouetten des Glungezer, des Patscherkofels, der Serles, des Habicht und der Nockspitze. Über ihnen war immer und ist bis heute ein gewaltiger großer Himmel, der seine Unendlichkeit in allen Farbtönen feiert, die man sich denken kann. Manchmal ist er verhängt, manchmal versinkt er im Dunkel einer mondlosen Nacht, aber er bricht immer wieder strahlend durch.

In den Jahren des Krieges habe ich als einziges kleines Andenken an die Heimat eine Postkarte mit dem Blick auf diesen Horizont mit Serles und Habicht mitgeführt und in jedem Unterstand an die Wand über der Pritsche geheftet. Später sind dann unzählige Horizonterlebnisse auf den Bergen hinzugekommen.

Ich glaube, dass auch für das innere Auge ein heller Horizont entscheidend ist. Wahrscheinlich bildet er ein Gutteil dessen, was man „Glück" nennt. Er ist nicht immer sichtbar, aber es genügt, dass man ihn hinter allem Gewölk, Gestöber und Dunkel des Daseins weiß. Und dass man darauf vertraut, dass er immer wieder durchbricht. Die Erhellung dieses Letzthintergrundes des Lebens hat bei aller Hochachtung vor dem Wissen mehr mit dem Glauben zu tun. Den Urgrund der Welt erreicht weder Tele- noch Mikroskop. Keine noch so faszinierende Reise der Astronomie durch Lichtjahrmilliarden landet bei ihm. Der liebende Gott kann nicht erschaut, nicht errechnet, nicht experimentell erwiesen werden. Er will geglaubt werden. Dieser Glaube entlässt den Verstand nicht. Aber dieser Glaube wölbt sich über die Bergsilhouetten unserer mess- und erforschbaren Welt wie der leuchtende Himmel über die Serles, zu der ich beim Schreiben hinüberschaue.

Abend vor der Serles

Und für diesen Horizont bin ich dankbar. Er war und ist das kostbarste Geschenk, das ich bekommen habe.

Veröffentlicht 2014 in „Alles hat seine Zeit".

ZUR PERSON

Reinhold Stecher war ein überzeugter und überzeugender Priester und Seelsorger, ein Bischof nahe bei den Menschen. Er war aber auch ein begeisterter Bergsteiger, ein begnadeter Redner, ein talentierter Autor und Maler. In Stechers Nachlass befand sich folgender, von ihm selbst verfasster Lebenslauf.

Am 22. Dezember 1921 wurde ich als zweiter Sohn von Dr. Heinrich und Rosina Stecher, geborene Harpf, in Innsbruck geboren. Der Vater stammte aus St. Valentin auf der Haide in Südtirol, die Mutter aus Innsbruck. Ich hatte zwei Brüder. Der ältere wurde Franziskaner, der jüngere fiel in den letzten Kriegstagen 1945. Mein Vater starb schon 1928.

Die Volksschule und das Gymnasium besuchte ich in Innsbruck und maturierte 1939. Das einschneidendste Jahr, das meine unbeschwerte Kinder- und Jugendzeit beendete, war 1938 mit dem Anschluss Österreichs an das Reich. Als Mitglied der Katholischen Jugendorganisation geriet ich mit vielen anderen sofort ins Schussfeld der neuen Machthaber. Mein älterer Bruder wurde schon 1938 bei der Aufhebung und Vertreibung der Franziskaner in Salzburg verhaftet. Da in Österreich das deutsche Konkordat nicht galt, war die Kirche weitgehend der Willkür der Gestapo ausgeliefert. Den Kriegsbeginn erlebte ich 1939 im Reichsarbeitsdienst. Im Jahre 1941 wurde ich als Theologiestudent unter der Anschuldigung verhaftet, bei der Organisation einer Wallfahrt tätig gewesen zu sein. Nach zweimonatiger Einzelhaft kam ich im letzten Augenblick vom Transport ins Konzentrationslager weg und wurde zur Wehrmacht einberufen. Ich war in einer Gebirgsjägerkompanie als einfacher Soldat, zuerst in der Winterschlacht in Nordrussland und dann drei Jahre in Karelien, Finnland. Das Kriegsende erlebte ich im Fjord von Trondheim, Norwegen, und kam von dort im Spätherbst 1945 nach Hause.

Ich setzte an der Theologischen Fakultät Innsbruck das Theologiestudium fort, wurde 1947 zum Priester geweiht und promovierte 1951 zum Doktor der Theologie. Meine Lehrer waren unter anderem die Professoren Karl und Hugo Rahner und Josef Andreas Jungmann. Die Jahre des Studiums waren für mich nach den Schrecken des Krieges und der Verfolgung eine wunderbare Zeit. Das Theologiestudium war damals zwar scholastisch (und lateinisch) geprägt, aber von einer großen Offenheit und einer wissenschaftlichen wie spirituellen Konzentration auf das Wesentliche. Ökumenische Freundschaften hatte ich schon im Krieg gewonnen, als ich mit Kameraden aus der Bekennenden evangelischen Kirche zusammentraf, mit denen man sich im Widerstand gegen den Nationalsozialismus eins wusste.

Im seelsorglichen Dienst war ich vornehmlich in der außerschulischen Jugendseelsorge und in der Katechese beschäftigt, in allen Schultypen von der einklassigen Bergschule bis zur Universität. Zeitweise war ich auch Spiritual im Priesterseminar. Aber meine Hauptaufgabe wurde dann für 24 Jahre die Lehrerbildung, zunächst an der Lehrerbildungsanstalt, später an der Pädagogischen Akademie des Bundes in Tirol.

Im Zuge der außerschulischen pastoralen Kontakte habe ich durch viele Jahre Alpinkurse organisiert, jeden Sommer im Fels und im Eis, und dabei die Berge als wertvolle Erziehungshelfer kennengelernt. Auf diese Weise bin ich auch mit den alpinen Vereinen und Organisationen wie Alpenverein und Bergrettung in Österreich und Deutschland in Kontakt gekommen.

Gute Freunde haben mich ermuntert, mit Büchern in die Öffentlichkeit zu gehen. Es sind im Laufe der Jahre insgesamt dreizehn geworden. Sie sind weder literarisch noch theologisch bedeutsam. Ich habe sie nur als eine etwas gelockerte Form der Verkündigung in der Sprache unserer Zeit zu schreiben versucht.

Auch das Malen von Bildern, zu dem ich in den letzten Jahren des bischöflichen Amtes (1981–1997) animiert wurde, verschafft mir keinen

Platz in der Kunstgeschichte, hat aber über Versteigerungen zu einer bedeutenden Aufbesserung des Caritas-Budgets beigetragen.

1981 wurde ich zum Bischof von Innsbruck ernannt. Das Ja zu diesem Amt fiel mir sehr schwer, weil ich nie führende Aufgaben in der Kirche bekleidet hatte und mich in den „niederen" Diensten der Seelsorge wohlfühlte. Ich hatte das Glück, dass mir Gottes Vorsehung immer ausgezeichnete Mitarbeiter geschenkt hat, die jene Fähigkeiten hatten, die ich nicht besaß. Mit dem Jahre 1997 schied ich aus dem Bischofsamt als Fünfundsiebzigjähriger aus.

Um den Lebenslauf fertig zu schreiben: Den Ruhestand verbrachte Reinhold Stecher bei der Privatklinik der Kreuzschwestern in Hochrum. 16 Jahre lang, bis zu seinem Tod am 29. Jänner 2013, war er dort Seelsorger und hielt im gesamten deutschen Sprachraum Exerzitien und Einkehrtage für Priester, Ordensleute und Laien. Für sein segensreiches Wirken wurde Stecher mehrfach ausgezeichnet:

1981 Ehrenzeichen des Landes Tirol

1987 Ehrenring des Landes Tirol (höchste Auszeichnung des Landes)

1993 Ehrenbürger der Stadt Innsbruck

1993 Großes Goldenes Ehrenzeichen mit Stern für Verdienste um die Republik Österreich

1994 Ehrendoktorat der Philosophischen Fakultät der Universität Innsbruck (für Verdienste um die Schaffung eines Klimas der Toleranz und des Dialogs)

2003 Ehrenbürger der albanischen Gemeinde Velipoje (für Verdienste um die Dorfentwicklung, Kirchenbau und Wasserversorgung)

2010 Ökumenischer Predigtpreis (Bonn) für sein Lebenswerk

BÜCHER VON REINHOLD STECHER

Die Texte dieses Buches sind bis auf zwei Ausnahmen den im Tyrolia-Verlag erschienen Büchern von Reinhold Stecher entnommen.

Liebe ohne Widerruf
Betrachtungen
Erstveröffentlichung unter dem Titel „Begegnungen auf Mittelwelle. Morgenbesinnungen" 1965; Neuausgaben 1993 (Broschur) und 2013 (gebunden mit Aquarellen)

Botschaft der Berge
1986 (mit Fotografien); Neuausgabe 2014 (mit Aquarellen)

Heiter-besinnlich rund um den Krummstab
1991

Ein Singen geht über die Erde
Österliche Bilder und Gedanken
1993

Geleise ins Morgen
1995; Neuausgabe 2004

Fröhlich und ernst unter der Mitra
1997

Die leisen Seiten der Weihnacht
1998

Werte im Wellengang
Ungewöhnliche Interviews
2000

Augenblicke
Rückblicke. Ausblicke
2003

Der Gletscherhahnenfuß
Hoffnung und Ermutigung durch eine kleine Blume
2005

Sinnbilder
Eine kleine Reise in die Bilderwelt von Schöpfung und Schrift
2008

Spätlese
2012

Nach dem Tod von Reinhold Stecher sind erschienen:

Nachlese
Unveröffentlichte Texte, Zeichnungen und Aquarelle zum Nachdenken
und Schmunzeln
Herausgegeben von Paul Ladurner
2013

Alles hat seine Zeit
Texte, Bilder und Zeichnungen zum Lachen und Klagen, zum
Träumen und Nachdenken
Aus dem Nachlass herausgegeben von Paul Ladurner
2014

Mit gläubigem Herzen und wachem Geist
Begegnungen mit Land und Leuten
Herausgegeben von Klaus Egger im Auftrag der Diözese Innsbruck
2014

Der Heilige Geist und das Auto
Mit Bischof Reinhold Stecher durch das Jahr
Herausgegeben von Klaus Egger im Auftrag der Diözese Innsbruck
2015

Mit Leben anstecken
Neue Texte, Bilder und Zeichnungen aus dem Nachlass herausgegeben
von Paul Ladurner
2016

Wer ist dieser Mensch?
Gedanken zu Leiden, Tod und Auferstehung Jesu
Herausgegeben von Paul Ladurner
2017

Herzworte
Gedanken und Bilder
Herausgegeben von Peter Jungmann
2017

Der blaue Himmel trügt
Erinnerungen an Diktatur und Krieg
Herausgegeben von Paul Ladurner
2018

Trostworte
Bilder und Gedanken für die Zeit der Trauer
Herausgegeben von Peter Jungmann
2020

Lichtworte
Gedanken zu Advent und Weihnacht
Herausgegeben von Peter Jungmann
2020

Bergworte
Bilder und Gedanken
Herausgegeben von Peter Jungmann
2021

MIX
Aus verantwortungs-
vollen Quellen
FSC
www.fsc.org FSC® C106954

Nachhaltige Produktion ist uns ein Anliegen; wir möchten die Belastung unserer Mitwelt so gering wie möglich halten. Über unsere Druckereien garantieren wir ein hohes Maß an Umweltverträglichkeit: Wir lassen ausschließlich auf FSC®-Papieren aus verantwortungsvollen Quellen drucken und verwenden Farben auf Pflanzenölbasis. Wir produzieren in Österreich und im nahen europäischen Ausland, auf Produktionen in Fernost verzichten wir ganz.

Mitglied der Verlagsgruppe „engagement"

© 2021 Verlagsanstalt Tyrolia, Innsbruck
Gestaltung: Tyrolia-Verlag, Innsbruck
Lithografie: Artilitho, Trento (I)
Druck und Bindung: Florjancic, Maribor
ISBN 978-3-7022-3959-6
E-Mail: buchverlag@tyrolia.at
Internet: www.tyrolia-verlag.at